Céramique Anglaise

Poteries · Faïences · Faïences fines · Grès · Porcelaines

Par George Savage

TRADUIT PAR JEANNE GIACOMOTTI, ASSISTANTE AU MUSÉE DU LOUVRE

Office du Livre · Fribourg · Suisse

DIFFUSION POUR LA FRANCE ET L'UNION FRANÇAISE: SOCIÉTÉ FRANÇAISE DU LIVRE · PARIS

INTRODUCTION

DEPUIS LE TEMPS d'Auguste le Fort de Saxe, la porcelaine a tenu une grande place dans les collections d'art européennes, et elle a suscité un ensemble considérable d'études et de critiques. Sauf en ce qui concerne la majolique italienne, la poterie ne connaît qu'un intérêt plus récent parce qu'elle était, à l'origine, destinée à de plus humbles usages, et c'est seulement depuis une centaine d'années qu'elle sort de l'obscurité qui jusque-là l'entourait.

Porcelaine et poterie, toutes deux ont leur importance, chacune à sa manière. Non seulement elles sont d'excellents objets de décoration, un passe-temps attachant et même, de nos jours, un placement profitable, mais elles jettent en outre beaucoup de lumière sur les mœurs et les goûts de l'époque où elles furent créées. Elles sont, en fait, un document social essentiel.

On ne se rend peut-être pas toujours compte que la porcelaine en particulier jouissait au XVIIIe siècle d'une très grande faveur. Aujourd'hui, elle est le plus souvent un article d'usage fabriqué en série dans les manufactures, recevant sa forme et son décor par des moyens mécaniques, mais, à l'origine, elle était si hautement prisée que des artistes distingués l'employaient comme moyen d'expression et que des rois et des princes subventionnaient les fabriques sans autre raison que le prestige qu'ils pouvaient en retirer. Auguste le Fort, par exemple, dépensa avec prodigalité pour l'entreprise de Meissen, et Mme de Pompadour et Louis XV favorisèrent assidûment la vente des produits de Sèvres. D'Argenson rapporte que Mme de Pompadour affirmait avec énergie que ne pas acheter la porcelaine de Sèvres était se montrer mauvais Français, tandis qu'on disait de Louis XV: «Il vend la porcelaine lui-même et elle n'est pas bon marché.»

Au XVIIIe siècle, l'attitude des Européens rejoignait presque celle des Chinois donnant à l'art céramique une place très élevée. En Chine, c'est, en réalité, presque le premier de tous les arts. Le développement du système industriel au XIXe siècle, joint à l'abaissement à peu près universel du niveau du goût dans les arts décoratifs, eut un effet particulièrement désastreux sur la poterie et sur la porcelaine, et celles-ci commencent à peine à se dégager à nouveau en tant que véritable forme d'art.

La fabrication industrialisée mise à part, la guerre de Sept Ans et le style néo-classique eurent, l'une et l'autre, une grande part dans l'avilissement de l'art céramique. La première entraîna la disparition progressive de l'influence précédemment exercée par une classe de la société, l'aristocratie, qui, quels que fussent ses défauts, maintenait dans le domaine arts en général, un certain niveau. La bourgeoisie qui la remplaça manquait de traditions et considérait les arts avant des tout comme un moyen d'afficher une richesse nouvellement acquise. On confondait la surcharge d'ornements compliqués avec le bon goût. Le néo-classicisme, en tant que style, convenait particulièrement mal à la matière même de la porcelaine. Les formes sévères conduisirent à l'abus de la décoration peinte, qui apparaît dans les produits de Sèvres, et cette tendance fut avidement suivie ailleurs. La seule manifestation du néo-classicisme échappant à ces erreurs se trouvera en Angleterre, dans les œuvres de Wedgwood.

Il faut chercher l'origine de la crise de sentimentalité, qui, de manière imprévue peut-être, se combine avec le néo-classicisme, dans le succès sans précédent du roman de Goethe «Les Souffrances du jeune Werther» (Die Leiden des jungen Werthers), racontant l'histoire d'un étudiant de l'Université de Leipzig, qui mit fin à ses jours par suite d'une passion sans espoir pour la femme d'un autre. La réceptivité de la classe moyenne montante à la fade sentimentalité et à l'émotion superficielle, fit vendre le roman à un nombre d'exemplaires énorme pour le XVIIIe siècle. Les gens s'habillaient à la manière de Werther et de Lotte, on peignait sur porcelaine des scènes du livre de Goethe, et certains allaient même jusqu'au suicide pour imiter Werther. Il est difficile d'admettre qu'un déchaînement d'hystérie collective pour de telles raisons eût pu se produire avant la guerre de Sept Ans.

L'Angleterre resta largement en dehors du mouvement. Si le caractère anglais possède les défauts correspondant à ses vertus, il tire aussi un certain fond de force et de stabilité de ses vices. La culture, au sens européen, a toujours été une plante exotique sur le sol anglais et la grande émotion, ou son expression y sont difficilement tolérées.

Ceci s'exprime parfaitement, tant dans la poterie que dans la porcelaine, mais surtout dans la première. Les choses typiquement anglaises ont «les deux pieds sur terre» et même, le plus souvent solidement implantés dans le sol. Au premier coup d'œil sur les planches illustrant la partie de ce livre consacrée à la porcelaine, il est facile de déceler les images qui n'ont pas de contre-partie en Europe. Le pot de la Pl. 116, qui montre des hommes buvant à l'extérieur d'une auberge, ne pourrait avoir été exécuté nulle part ailleurs en dépit de la mode passagère des sujets de Teniers à Sèvres. Egalement à noter, est le nombre des sujets ayant trait à l'action de manger et de boire, illustrés en poterie et en porcelaine et particulièrement dans cette dernière matière. Jusqu'au XVIIIe siècle, l'Anglais était «sur la terre», réaliste, et la plupart des jolis objets qui supportent la comparaison avec ceux sortis des grandes fabriques du Continent sont l'œuvre de Huguenots émigrés.

Bien que le Staffordshire soit aujord'hui devenu un des centres d'industrie les plus importants et les plus prospères du monde, les Anglais ont fait fort peu pour encourager l'art céramique. Même au XVIIIe siècle, le système de fabrication était à peine plus perfectionné et plus efficace que celui en usage chez les potiers romains presque deux mille ans auparavant et le premier fabricant qui ait vraiment imprimé son empreinte à l'art de la poterie est Josiah Wedgwood. Parmi les manufactures de porcelaine, Chelsea et Worcester ont une assez forte personnalité, les autres n'en ont que peu jusqu'à la fin du siècle.

A une époque où presque tous les pays du Continent subventionnaient leurs manufactures pour des raisons de prestige, seule l'Angleterre comptait que ses fabricants pourraient survivre et produire sur des bases strictement commerciales. Ceci semblera peut-être normal de la part d'un pays qui, encore aujourd'hui, dépense moins pour les arts que toute autre nation civilisée, mais il n'est pas surprenant, dans ces conditions, qu'une seule fabrique datant du XVIIIe siècle, ait subsisté.

Alors de quel ordre est donc la fascination que la poterie comme la porcelaine anglaises ont toujours exercé sur le collectionneur? Elle est sans aucun doute due en partie au fait que la céramique anglaise a son caractère artistique et son individualité propres, qu'elle est évocatrice des hommes qui l'ont faite. Elle échappe d'autre part à l'habileté, à la touche professionnelle du potier continental, et les difficultés techniques de fabrication demeurent en général franchement apparentes. Nous pouvons donc prendre part aux hésitations et aux difficultés de ceux qui œuvraient. L'étude de la céramique anglaise, enfin, est un défi à l'esprit. Contrairement à ce qui se produit pour les fabriques continentales, il n'existe pas d'archives importantes sur lesquelles fonder son histoire. Celle-ci doit être établie d'après des textes fragmentaires – lettres, annonces, mentions contemporaines dans les journaux et dans les biographies – et d'après la nature physique des *objets eux-mêmes. Elle offre, de ce fait, une série de problèmes qui, pour la plupart, ne peuvent être que partiellement résolus et à propos desquels il reste toujours quelque chose à apprendre.*

C'est pourquoi les pages qui suivent traiteront par force principalement de documents biographiques et de citations contemporaines. Ceux-ci finissent par constituer une histoire d'un intérêt prenant, dans laquelle se révèle l'interdépendance des diverses parties. Le texte est indispensable à la compréhension des illustrations qui ont été choisies à la fois comme des exemples caractéristiques de leur catégorie et comme des maillons dans la chaîne des témoignages.

G.S.

PREMIÈRE PARTIE: POTERIE

POTERIES MÉDIÉVALES ET FAÏENCES

Si la poterie et la porcelaine de l'Angleterre, ont, à certaines époques, emprunté leur inspiration à celles du Continent, elles possèdent néanmoins nombre de caractéristiques qui sont la conséquence directe d'une situation insulaire.

Les plus anciens spécimens de poterie anglaise appartiennent à une période qui s'étend entre 2500 et 1900 avant l'ère, période généralement dite Age néolithique ou Nouvel Age de la Pierre. Des chasseurs nomades ne confectionnent pas de récipients; la poterie marque invariablement la transition entre la chasse et la recherche de la nourriture, et un mode de vie sédentaire agricole. Il est curieux d'observer que chez les peuplades primitives, en tous lieux, les pots modelés et tournés à la main étaient le travail des femmes de la tribu; les hommes ne se firent potiers qu'avec l'introduction du tour.

En Angleterre, le tour à potier apparaît aux environs de 450 avant l'ère et l'invasion romaine apporta en même temps des techniques plus savantes. Les brusques attaques et incursions des peuplades du Continent qui suivirent le départ des légions romaines, plongèrent le pays dans des luttes meurtrières et, pendant une longue période, il se trouva divisé en plusieurs royaumes virtuellement autonomes combattant, juste pour survivre, contre les bandes de Vikings. Quand l'unité fut enfin accomplie, le roi s'assit sur un trône instable, et sa loi ne s'étendit pas au-delà des limites que ses armées pouvaient atteindre.

Sur les tables primitives des pauvres, les récipients destinés à la nourriture étaient faits de bois, et ceux qu'on pouvait trouver dans les citadelles des puissants ne valaient guère mieux. Peu de spécimens de poteries de cette période ont survécu, et la plupart d'entre eux sont à peine plus évolués que ceux de l'Age du Fer.

La poterie anglaise ne recommence à se développer qu'après l'invasion de Guillaume de Normandie en 1066, alors que le pays retrouvait peu à peu des conditions de vie sédentaire. Des siècles passeront avant que la production puisse s'établir dans certains centres tels que le Staffordshire, foyer de l'industrie moderne.

La poterie médiévale anglaise se faisait sur place pour les besoins locaux. Les ateliers étaient de peu d'importance, comportant peut-être deux ou trois tours. Les communications, par ailleurs, étaient mauvaises, les routes restaient impraticables pendant les fréquentes périodes de temps humide, et, même encore à la fin du XVIIIe siècle, il était souvent plus facile, en hiver, de voyager de Londres à la côte Sud par la mer.

Les documents écrits sont extrêmement rares et, jusque vers le milieu du XVIe siècle, il est impossible d'identifier des potiers ou des lieux de fabrication.

Ces poteries médiévales étaient faites d'une argile qui, à la cuisson dans le four, tournait à une couleur variant du ton chamoisé à un rouge sombre, ou, plus rarement, à un noir grisâtre. Ce en raison de la présence de petites quantités d'oxyde de fer comme impuretés, et l'effet s'en reconnaît de manière courante dans la poterie du monde entier. La pâte est d'une dureté variable, mais elle est toujours une poterie poreuse. Les plus anciens spécimens conservés sont sans vernis, bien que les vernis aient peut-être été utilisés au temps des Saxons. Cependant, l'habitude de recouvrir la poterie d'un vernis ne se répandit qu'après la conquête normande, et elle vint probablement de France où un vernis plombifère était connu avant le XIIIe siècle. Là, toutefois, se bornent les emprunts. La poterie médiévale anglaise est en général tout à fait à part et distincte des poteries françaises contemporaines, par ses formes et par ses proportions.

La couleur des vernis employés varie le plus souvent du jaune au brun, mais un excellent vert était obtenu par le mélange de limaille de cuivre avec les ingrédients composant le vernis, et un riche ton brun à reflets pourprés était dû à l'application du vernis sur un engobe (c'est-à-dire une argile délayée à la consistance de la crème) contenant une addition de manganèse.

Presque tous les spécimens conservés de poterie médiévale sont des pots et des récipients pour contenir les liquides, mais quelques remarquables carreaux ont été exécutés, principalement pour la décoration des murailles et le pavement des églises. On peut voir des incrustations d'engobes blancs sur les carreaux de l'abbaye de Chertsey, exécutés dans la dernière partie du XIIIe siècle.

Les restes de poteries datant du XVIe siècle sont plus fréquents et de types plus variés. La poterie «cistercienne» doit son nom au fait qu'on en a trouvé beaucoup dans les ruines des abbayes cisterciennes du Yorkshire. La pâte est dure et couverte d'un excellent vernis brun foncé d'apparence métallique (Pl. 9). Il faut signaler un degré de précision beaucoup plus grand dans le modelage et la finition. On dit qu'après la dissolution des monastères, en 1540, ce genre de poterie fut abandonné, mais cette affirmation est inexacte.

Tandis que les potiers anglais en étaient encore à l'Age du Bronze, les Assyriens exécutaient des frises décoratives en briques recouvertes d'un enduit rendu blanc et opaque par addition d'oxyde d'étain. Cet enduit stannifère tomba dans l'oubli, mais le secret en fut retrouvé par les potiers du Moyen-Orient, un peu avant le IXe siècle. L'expansion de l'Islam l'introduisit en Espagne Musulmane, d'où il se répandit en Italie. Là, il fut employé dans la catégorie importante de poteries de la Renaissance connues sous le nom de *maiolica*. Les procédés de l'émail stannifère se répandirent bientôt en France, en Allemagne, en Hollande, et, de ce dernier pays, traversant la mer, jusqu'en Angleterre.

La différence essentielle entre la couverte d'émail stannifère et celles jusque-là en usage, est que la première offre une surface blanche sur laquelle on pouvait peindre en plusieurs couleurs, la plus employée étant le bleu de cobalt. Les autres couleurs – dites pigments de grand feu parce qu'elles cuisaient à la même température que l'émail – comprennent le vert de cuivre, le violet de manganèse, le jaune d'antimoine et le rouge-orangé tiré du fer.

Cette nouvelle céramique, qui gagna l'Angleterre au milieu du XVIe siècle, était appelée *gallyware*, et le *Survey of London* de Stow, publié en 1598, mentionne Jacob Jansson et Jasper Andries, potiers hollandais, comme étant établis à Londres en 1570. Il est probable qu'Andries était parent d'un potier originaire de Castel-Durante en Italie, un certain Guido di Savino, qui se dénommait Andries. Ce dernier était installé à Anvers en 1512.

Cependant, les plus anciens spécimens de poterie anglaise à émail stannifère ne sont pas dus à Jansson et Andries. Ces faïences présentent une analogie générale de forme avec les pots de grès de la région rhénane, de Cologne, qui étaient populaires en Angleterre à l'époque, mais le vernis au sel moucheté (connu sous le nom de *tigerware*) est remplacé par un émail stannifère éclaboussé de bleu et de violet, ou de bleu et de jaune, ou quelquefois par un émail monochrome bleu ou turquoise. Nombre de ces faïences ont reçu des montures d'étain ou d'argent, et la plus ancienne pièce connue, au British Museum, a une monture d'argent qui porte la marque-date correspondant à 1549. Un pot de cette catégorie se trouvait autrefois dans l'église de West Malling, dans le Kent, d'où le nom générique de *Malling jugs* donné à ces objets. Leur lieu de fabrication est incertain, mais Londres semble le plus probable. Ces pots s'échelonnent de 1549 jusqu'aux premières années du XVIIe siècle, mais ils ne peuvent être datés que d'après les poinçons apparaissant sur les montures.

Quelques exemples de faïences, dont un ou deux rappelant de loin la majolique italienne, ont survécu depuis la fin du XVIe siècle, et certains pourraient être l'œuvre de Jansson et d'Andries. La première pièce datée de ce genre est reproduite Pl. 2; elle fut exécutée en l'année 1600. A cette date, des potiers étaient établis sur la rive Sud de la Tamise, à Southwark, et ils ouvrirent une fabrique par la suite à Lambeth et aussi à Bermondsey. Un trait caractéristique du plat daté illustré ici, est la bordure extérieure de coups de pinceau bleus, qui devint par la suite un motif familier sur une longue série de plats décorés de fruits et de feuillages à la manière italienne, de sujets bibliques (Pl. 3), de portraits des rois d'Angleterre, de bateaux etc. La fabrication de ces plats s'étend sur un grand laps de temps, se poursuivant au XVIIIe siècle; ils sont habituellement désignés sous le terme de *blue dash chargers*.

En 1602, la caraque portugaise *San Jago* fut capturée par les Hollandais et conduite à Middelburg comme prise. Le navire contenait beaucoup de porcelaines chinoises faites au temps de l'empereur Ming, Wan-Li. En 1604, de grandes quantités de porcelaines, également prises aux Portugais, arrivèrent en Hollande. Jacques Ier d'Angleterre acheta une partie de la cargaison et ainsi prit naissance, en Europe du Nord, la mode de la porcelaine chinoise.

Ces céramiques chinoises furent bientôt copiées en Hollande, sur des faïences peintes en bleu, appelées «*Hollandsche porselein*» et les potiers anglais suivirent de très près leurs rivaux hollandais. Il existe des chopes et des petits pots peints en bleu avec des copies de motifs Wan-Li, tels que des oiseaux parmi des rochers et des feuillages. Ces objets portent des dates qui commencent à partir de 1628, parfois apparaît le nom du destinataire et, en outre, quelque aphorisme suggestif (Pl. 13).

A cette époque on peut voir un curieux mélange de styles et de modèles venus de la Chine et de l'Italie. Quelques spécimens sont inspirés de l'œuvre de Bernard Palissy et de ses imitateurs en France, par exemple un plat portant une composition en bas-relief tirée de la *Fécondité* du Titien. D'autres imitent les *bleu persan* de Nevers et sont ou mouchetés de blanc sur fond bleu, ou peints en blanc de motifs simples.

Vers le milieu du siècle, les bouteilles à vin devinrent un article ordinaire de la fabrication londonienne. Beaucoup sont datées et elles s'échelonnent de 1639 aux environs de 1670. Elles portent généralement le nom du vin: «*Sack*» (sherry), «*Rhenish*» (le vin blanc du Rhin), ou *Whit* (probablement Bordeaux blanc). Les opinions diffèrent sur la question de savoir si ces bouteilles contenaient des échantillons ou si elles étaient destinées à l'usage de la table, ce qui semble le plus probable, et la date est celle à laquelle le vin du tonneau a été mis en bouteilles à Londres. Nous ne connaissons qu'un seul exemple de bouteille polychrome.

D'autres récipients en rapport avec le service du vin et des boissons alcoolisées sont le *puzzle jug*, pot surprise qui a un col perforé, la *fuddling cup*, groupe de gobelets entremêlés dont le but était d'enivrer (*to fuddle*) le buveur et le *posset pot* (Pl. 19) pour contenir un mélange de lait chaud épicé et de bière. On fit des bols à *punch* à partir de 1680 et le *monteith*, bol à bord découpé pour recevoir les verres à pied, apparaît parfois, bien qu'il soit plus habituel en argent.

Les vases d'apothicairerie comprennent différents pots à médicaments. *L'albarello* (Pl. 12) est de lointaine origine moyen-orientale et a une longue histoire en tant que vase de pharmacie. Un modèle globulaire à goulot (pour les sirops), sur un pied élevé, est peut-être celui qui subsiste en plus grand nombre. Ces objets portent généralement le nom de la drogue et souvent des initiales et une date. Les *pill slabs*, plaques pour rouler les pilules, sont ornées des armoiries de la Compagnie des Apothicaires (Pl. 18). Le remède populaire pour la plupart des maladies, la saignée, entraîna la fabrication de bols à saignée, difficiles à distinguer des écuelles, si ce n'est qu'ils n'ont qu'une poignée au lieu de deux.

Vers le milieu du XVIIe siècle, les potiers de la ville de Delft, en Hollande, ayant repris les brasseries abandonnées de la cité, l'industrie se développait rapidement. Des potiers hollandais vinrent en Angleterre et leurs styles nationaux influencèrent la décoration des faïences anglaises. Les faïences de Hollande furent bientôt connues sous le nom de *delft*, et ce nom appliqué aux faïences anglaises de même type. En 1671, il est fait mention d'une patente accordée à John Ariens Van Hamme, résidant à Londres, tandis que d'autres potiers arrivèrent à la suite de Guillaume Prince d'Orange, quand celui-ci accéda au trône d'Angleterre. Parmi les pièces qui leur sont attribuées se trouve un service de six assiettes dont chacune porte une ligne burlesque différente:

> «Qu'est-ce qu'un homme gai
> Qu'il fasse ce qu'il peut
> Pour divertir ses hôtes
> Avec du vin et de joyeuses plaisanteries
> Mais si sa femme vient à froncer le sourcil
> Adieu toute réjouissance»

Un service complet est une grande rareté.

D'autres faïences faites par ces potiers hollandais travaillant à Londres ressemblent tellement à celles de Delft, que la confusion entre les faïences hollandaises et les faïences anglaises est courante.

Au cours du XVIIIe siècle les copies de céramiques chinoises sont particulièrement fréquentes et le mélange de sujets européens et de motifs décoratifs chinois n'est par rare. A mesure que s'écoule le siècle, l'influence du style rococo français s'impose. Celui-ci touchera l'art décoratif anglais plus tardivement qu'il n'apparaît sur le Continent et on le reconnaît dans l'œuvre de l'orfèvre huguenot Paul Lamerie.

Le style néo-classique, la renaissance des styles grecs et romains consécutive à la découverte des sites d'Herculanum et de Pompéi, ne fut pas adopté par les fabricants de *delft*. Il ne convenait pas à la faïence et sa popularité eut une part dans le déclin des manufactures, dont la principale cause fut aussi, sans aucun doute, le succès des faïences fines crème de Wedgwood, que nous étudierons plus loin.

Bien que les principales fabriques aient été situées à Lambeth et à Southwark, à Londres, une manufacture prospère existait également à Bristol où l'activité commence vers 1650. Quelques-uns des *blue dash chargers*, déjà cités, proviennent de Bristol, mais la part capitale de la production est constituée par les céramiques peintes en bleu, de scènes chinoises fantastiques, dont le plus grand nombre pourrait à juste titre être qualifiées de «chinoiseries». L'influence des potiers hollandais est souvent très sensible pendant la première période, et les peintures en blanc opaque sur un fond bleuté (Pl. 21), à l'instar de la majolique italienne, furent une manière de spécialité de Bristol.

Une fabrique, à Wincanton, en Somerset, employa abondamment le violet de manganèse dans ses décorations, tandis que Liverpool donna de libres interprétations du motif des bateaux. Liverpool exécuta également beaucoup de céramiques décorées par impression. Ce procédé a été revendiqué comme leur invention personnelle par Sadler & Green, établis dans cette ville (cf. p. 273). Sauf dans le cas du décor par impression, presque toutes les faïences décrites ici sont peintes sur émail cru, avant la cuisson. Opération délicate, l'émail dans cet état absorbant la couleur comme un buvard l'encre, les corrections étaient impossibles. Les émaux fondants, c'est-à-dire les couleurs appliquées sur l'émail après la cuisson et fixées à basse température dans le four à moufle comme pour les porcelaines, ont été peu employés. Les spécimens existants semblent pour la plupart avoir été faits à Liverpool et les émaux se limitent souvent à l'addition de rouge et de jaune aux couleurs de grand feu déjà posées (Pl. 4). L'impression sur faïence est, naturellement, une catégorie de décor au petit feu, puisqu'elle est appliquée par-dessus la couverte.

La fabrication de *delft* s'éteint en Angleterre à la fin du XVIIIe siècle.

POTERIES A DÉCORS D'ENGOBES

L'ENGOBE EST une argile délayée à la consistance de la crème et il sert à des fins diverses. Une terre qui est pauvre en couleur, mais par ailleurs satisfaisante, peut recevoir une couche superficielle d'engobe d'une couleur plus agréable, blanche sur un fond rouge par exemple. La décoration sera ensuite incisée dans l'épaisseur de l'engobe jusqu'à faire réapparaître la terre de fond (*sgraffito*), les argiles de couleurs différentes produisant un effet décoratif. On peut peindre sur l'engobe avec un pinceau, comme c'est le cas pour le pot médiéval reproduit Pl. 6, et l'engobe formera des points ou des traînées par un procédé analogue à celui qu'emploie le confiseur pour décorer de sucre glacé une pâtisserie (Pl. 25). Tous ces décors d'engobes exigent un vernis pour les protéger contre l'usure et les égratignures.

On trouve toutes ces techniques dans les diverses sortes de poteries anglaises, mais seule la catégorie portant un décor tracé à l'aide d'engobes peut constituer un groupe homogène. La plus grande partie des objets de ce genre sont des poteries paysannes faites pour les marchés locaux, et les plus anciennes proviennent des alentours de Wrotham dans le Kent, village entre Sevenoaks et Maidstone. Là, vers le milieu du XVIIe siècle, travaillaient George Richardson et Nicholas Hubble, et les œuvres datées s'échelonnent à partir de 1612 environ (Pl. 24). Les ateliers de Wrotham faisaient sans doute une poterie à vernis plombifère dès le XVIe siècle et ils existaient encore au début du XVIIIe siècle.

La plupart des spécimens conservés sont des *tygs*, sorte de tasses à boire collectives, munies de trois poignées à double courbure. Beaucoup sont datés et portent des initiales imprimées sur de petites plaques d'argile de couleur claire, appliquées sur le fond de terre rouge avant de vernir. La décoration d'engobes était ajoutée en pointillés et en motifs géométriques, les poignées soulignées de la même manière. En dehors des *tygs*, on trouve également des *posset pots* et des pots ordinaires. Les chandeliers semblent particuliers à Wrotham et les plats sont extrêmement rares.

La fabrication de la poterie à décor d'engobes était établie à Londres en 1630 et elle semble être restée presque tout le temps entre les mains des Puritains. Dans les discours de Sir Steuart Wilson, les Puritains considèrent la naissance comme l'entrée dans le péché, le mariage comme le moyen d'éviter un aspect de celui-ci et la mort comme une heureuse délivrance grâce à laquelle nous ne pouvons plus pécher; beaucoup de plats londoniens portent de pieuses exhortations telles que «Jeûne et prie», «Crains Dieu» et «Rappelle-toi de ta fin», tracées à l'aide d'engobes. La comparaison est bien ironique avec les œuvres des pécheurs de Wrotham qui étaient principalement occupés à faire des tasses à boire. Les pièces originaires de Londres sont habituellement désignées comme «métropolitaines».

Peu après le milieu du XVIIe siècle, la fabrication semble avoir été localisée dans le Staffordshire. Rares sont les spécimens métropolitains auxquels on peut attribuer une date sensiblement postérieure à l'avènement de Charles II et il est bien certain que les faïences aux brillantes couleurs avaient plus d'attrait pour l'esprit régnant que les austères rappels du péché et de la mort qui marquent la période du Commonwealth.

Le principal fabricant de poteries à décor d'engobes du Staffordshire fut sans doute Thomas Toft, et on connaît environ trente plats portant son nom. Un exemplaire au Musée de Chester est daté de 1672. Ces plats sont ornés de motifs tels que les Armes Royales, le Lion et la Licorne (des Armes Royales), une amusante sirène, le Pélican se perçant le flanc (Pl. 5), Charles II se cachant dans le chêne de Boscobel (évoqué par sa tête émergeant du feuillage), quelques portraits grossiers de membres de la Famille Royale, comme le duc d'York et Catherine de Bragance ou d'autres. L'aile des plats porte généralement une décoration treillissée ou des ornements géométriques, avec un cartel réservé à la base pour le nom du potier. En dehors de ces plats, le nom de Toft apparaît sur certains exemples rares de pièces de forme, notamment sur un *tyg* du Musée d'York. Des berceaux (Pl. 27) faits pour des cadeaux de mariages étaient probablement des symboles de fécondité.

Thomas Toft appartenait à une famille qui serait originaire de Leek, à la frontière du Staffordshire, et James, Charles et Ralph Toft sont également mentionnés; un plat dû à Ralph Toft et daté de 1676 est au British Museum. L'art de Toft a inspiré d'autres fabricants de poterie et parmi leurs œuvres, les meilleures peut-être sont signées de Ralph Simpson. Nombre d'autres noms ont été, les uns relevés sur des spécimens conservés, les autres déduits de preuves insuffisantes. Le fait que beaucoup de plats de ce type sont signés et que certains sont datés, pourrait indiquer qu'ils furent faits dans un but commémoratif, lequel, à l'heure actuelle, nous échappe.

La technique, dans la plupart des cas, reste la même. Les dessins étaient exécutés avec des engobes blancs, bruns ou rouges sur un fond de poterie rougeâtre, le tout recouvert d'un vernis jaune qui modifie la couleur des engobes. Les dessins sont primitifs, mais tracés dans un style amusant et vigoureux.

Pendant tout le XVIIIe siècle, la décoration à l'aide d'engobes demeurera en usage dans le Staffordshire pour les «poteries paysannes», à Tickenhall en Derbyshire, et autres lieux. Des spécimens isolés provenant de centres mineurs de fabrication, comme le Yorkshire et le Sussex, portent des dates qui conduisent presque à la fin du XVIIIe siècle, la plus tardive étant apparemment celle de 1797 portée sur une bouteille du Yorkshire appartenant à une collection privée.

A Wrotham, à la fin du XVIIe siècle, on fabriquait des poteries à *sgraffito*, et il en existe des XVIIe et XVIIIe siècles, qui proviennent du Staffordshire. Ces dernières sont quelquefois (par erreur) associées au nom de Ralph Shaw. On fit également des poteries *sgraffito* de bonne qualité dans l'Ouest de l'Angleterre, vers la fin du XVIIIe siècle.

Des poteries «marbrées», dans lesquelles des engobes de couleurs contrastées étaient peignés ou brossés en manière de plumes pour produire un effet similaire aux papiers de garde de certains livres du XVIIIe siècle, proviennent du Staffordshire (Pl. 28). Le procédé a parfois été combiné avec les dessins tracés à l'engobe.

En Sussex, à partir de la fin du XVIIIe siècle, on fit des poteries ornées de motifs incisés ou imprimés, incrustés d'argiles de tons opposés, technique rappelant celle de certains carreaux du Moyen Age.

I. POT. POTERIE MÉDIÉVALE. XIVe SIÈCLE

H. 26 cm. London Museum, Palais de Kensington

Trouvé à Whitehall dans la cité de Westminster, ce pot est fait de terre rouge recouverte d'un vernis vert d'oxyde de cuivre légèrement moucheté. L'anse porte, à la prise, une dépression obtenue d'un coup de pouce, et, autour de la base, se trouvent quatre groupes alternativement de trois et de quatre creux au pouce à intervalles égaux. Ces creux servaient à niveler la base suivant un procédé assez habituel. Ce pot, typique des meilleures poteries médiévales, est de forme monumentale et sa simplicité lui donne un grand attrait.

2. ASSIETTE. FAÏENCE (POTERIE A ÉMAIL STANNIFÈRE) LONDRES. 1600

D. 25,75 cm. London Museum, Palais de Kensington

L'inscription portée sur ce plat en fait le plus ancien exemple connu de faïence à décor peint de grand feu, qui puisse être daté avec certitude. La terre est de couleur chamois et recouverte d'un émail stannifère grisâtre. La bordure de têtes grotesques témoigne d'une influence indirecte de la majolique italienne de Deruta. Les édifices, dans le médaillon central, sont probablement une vue de Londres à l'époque.

THE·ROSE·IS·RED·THE·LEAVES·ARE·GRENE·GOD·SAVE·ELIZABETH·OVR·QVEENE
1600
C 84

3. PLAT. FAÏENCE. VERS 1675

D. 40,5 cm. Victoria & Albert Museum (Collection Schreiber), Londres

Ce «*charger*» (nom parfois donné à de grands plats) appartient au groupe «à touches bleues» (*blue dash group*), ainsi nommé à cause des ornements du bord. Le plus ancien exemple connu de ces touches bleues se voit sur le plat de la Pl. 2. Ces plats apparaissent dans leur type définitif vers 1660, et on en fit jusqu'aux premières décades du XVIIIe siècle. Les spécimens de ce genre sont revendiqués à la fois pour Bristol et pour Londres sans qu'on puisse être affirmatif sur ce point. Le sujet, la Chute de l'Homme, est dessiné d'une manière primitive amusante. Les couleurs employées sont les pigments simples de la faïence à décor de grand feu.

4. ASSIETTE. FAÏENCE. LIVERPOOL. VERS 1760

D. 34 cm. Victoria & Albert Museum, Londres

La palette utilisée pour le décor de cette assiette a été associée au nom du potier de Liverpool, Thomas Fazackerly. La surface de l'émail est d'une tonalité bleuâtre et les couleurs, le bleu, un vert discret et le manganèse, sont celles du décor de grand feu. Le rouge et le jaune sont, l'un et l'autre, des émaux appliqués sur l'émail cuit et fixés par une nouvelle cuisson au feu de moufle.

5. PLAT. POTERIE A DÉCOR D'ENGOBES. STAFFORDSHIRE VERS 1685

D. 43 cm. Syndics du Fitzwilliam Museum, Cambridge

Ce plat illustre le sujet connu comme «Le Pélican se perçant le flanc». Le sujet n'est pas rare dans les diverses formes d'art décoratif et représente un pélican nourrissant ses petits de sa propre chair et de son propre sang. Alfred de Musset fait allusion à cette conception curieuse (*La Nuit de Mai*), qui était très généralement admise au temps où le plat fut exécuté. C'est ainsi que *Love for Love* de Congreve (publié en 1695) offre ces lignes:

«Quoi, voudrais-tu que je me fisse pélican pour te nourrir de mes propres entrailles.»

Le plat est caractéristique des plus belles poteries à décor d'engobes (*slip ware*) du Staffordshire à l'époque et montre d'exceptionnelles qualités de dessin. Après Thomas Toft (cf. p. 15), Ralph Simpson est le fabricant le plus réputé de cette sorte de céramique.

RALPH·SIMPSON

6. POT. POTERIE MÉDIÉVALE. XIIIe SIÈCLE

H. 30 cm. Musée et Galerie d'Art de Hastings, Sussex

Ce pot, mis au jour à Rye en Sussex, est de forme typiquement médiévale. Il est fait d'une argile rouge vif recouverte d'un vernis jaunâtre, et le décor simple, admirablement adapté à la forme, est peint à l'aide d'un lait de terre blanc-crème. La poignée plate porte des rainures.

7. POT. POTERIE MÉDIÉVALE. XIVe SIÈCLE

H. 35,5 cm. London Museum, Palais de Kensington

Ce pot est orné de chevrons de terre crème, et de bandes alternativement crème et brunes autour du col, avec des points comme ornements entre les chevrons. Le tout est recouvert d'un vernis jaune. Ces bandes et ces points obtenus par des laits de terre représentent le plus ancien emploi anglais de ce genre de technique, qui sera par la suite adoptée à Wrotham (cf. Pl. 24) et en Staffordshire (cf. Pl. 25). Un exemple médiéval de ce décor d'engobes se voit sur la Pl. 6.

8. COL D'UN PICHET. POTERIE MÉDIÉVALE. XIVe SIÈCLE

H. 21 cm. London Museum, Palais de Kensington

Ce spécimen, fermement modelé, est le col d'un grand pichet dont le reste s'est trouvé perdu. Il est recouvert, sur un corps de terre chamoisée, d'un vernis vert irrégulier légèrement irides-cent par suite du long séjour en terre. Les traits du visage sont obtenus par pincement entre les doigts et le pouce, les mains et la bouche ont été découpées au couteau, et les yeux semblent avoir été faits à l'aide d'une sorte de cachet circulaire. C'est sans doute là un lointain ancêtre du «pot Toby» reproduit Pl. 63.

9. CHOPE. POTERIE CISTERCIENNE. XVIe SIÈCLE

H. 27 cm. London Museum, Palais de Kensington

Une chope de forme élancée légèrement conique, à anse haut placée. Elle est recouverte, sur un corps de terre rouge sombre, d'un vernis brun foncé à iridescences argentées. Elle est décorée d'un motif en chevron incisé, et de cercles concentriques autour de la partie supérieure et de la base. Le rapport des proportions entre la forme générale et la position de l'anse est intéressant. Les poteries de cette sorte sont attribuées aux moines cisterciens; elles ont été découvertes sur les sites d'anciens monastères.

10. ARROSOIR. PEUT-ÊTRE DU SUSSEX. XVIe SIÈCLE

H. 28 cm. Musée et Galerie d'Art de Hastings, Sussex

Le corps de la poterie est de couleur rouge, et il est recouvert d'un vernis clair, jaune-brunâtre. L'anse et le déversoir portent à leur attache la trace des doigts du potier. Ces arrosoirs ne sont pas exceptionnels, mais il est rare d'en trouver un conservé en aussi bon état.

E R

II. CANDÉLABRE-APPLIQUE. POTERIE VERNISSÉE. VERS 1600

H. 44 cm. Galerie d'Art et Musée de Brighton (Collection Willett), Brighton, Sussex

Cette plaque d'applique, percée d'orifices pour la fixer au mur, est recouverte d'un vernis jaune avec touches de vert de cuivre autour des godets porte-bougies. Les Armes Royales sont moulées en relief au-dessus de la Rose des Tudor. Autrefois au Palais de Hampton Court.

12. ALBARELLO. FAÏENCE. FIN DU XVIe SIÈCLE

H. 23 cm. London Museum, Palais de Kensington

Ce vase, trouvé dans le sol de Londres, est peint alternativement en manganèse et en bleu clair sur une couverte d'émail stannifère rosée. Quoique des pots de pharmacie de ce genre aient probablement été fabriqués en Hollande, l'attribution à Londres est admissible pour nombre d'entre eux, et ils sont sans aucun doute analogues aux faïences que faisaient Andries et Jansson (cf. p. 11). L'*albarello* était d'un usage courant dans les apothicaireries. Il est originaire de Perse, et on le trouve aussi bien dans la majolique italienne que dans les faïences hispano-mauresques. Le spécimen reproduit ici est de forme légèrement concave, mais l'incurvation des flancs était souvent beaucoup plus prononcée, afin qu'on pût facilement saisir sur le rayon un vase placé dans une rangée. Les pots de pharmacie aux couleurs vives étaient très en vogue en Italie, et les faïences appartenant à cette catégorie forment un groupe à part et intéressant.

TH GREENE ANNO
GOODWILL IS ALL

13. CHOPE. FAÏENCE. LONDRES 1630

H. 15,5 cm. London Museum, Palais de Kensington

Cette chope a une couverte d'émail stannifère sur un corps de terre jaunâtre. La décoration est en camaïeu bleu; les oiseaux, rochers, fleurs et autres éléments sont inspirés des motifs chinois employés sur les porcelaines faites pendant le règne de l'empereur Wan-Li (1573–1619), qui étaient librement exportées vers les marchés européens. Cette pièce est un exemple d'un groupe précoce, peu nombreux, de faïences. Elle porte l'inscription: *James and Elizabeth Greene anno 1630*, suivie des mots: «Le présent est modeste – la bonne intention est tout».

14. PLAT. FAÏENCE. LONDRES 1649

D. 39 cm. Galerie d'Art et Musée de Brighton (Collection Willett), Brighton, Sussex

Ce plat godronné porte les armes des *Parish clerks of London* (le mot est orthographié phonétiquement – *The Clarkes*), entourées de scènes de navigation et d'édifices peints en bleu. La forme godronnée apparaît tant dans la faïence française que dans la faïence allemande. Le décor est exceptionnellement soigné pour l'époque, et il y a une touche de jaune à la base des volutes entourant les armoiries. Ces légers rehauts de couleur, ajoutés au bleu prédominant, se retrouvent Pl. 18.

M
R A
ANNO 16
DOM 49
THE CLARKES

15. PUTTO. FAÏENCE. LONDRES. VERS 1650

H. 26 cm. British Museum, Londres

Cet amusant *putto* ailé semble retenir sa couronne de fleurs contre un vent violent. Les traits du visage, la draperie et le socle sont peints d'un bleu intense. De telles figures en faïence sont extrêmement rares.

16. POT. FAÏENCE. LAMBETH. 1672

H. 17 cm. Galerie d'Art et Musée de Brighton (Collection Willett), Brighton, Sussex

Ce curieux pot, modelé en forme de chat assis, est recouvert d'émail stannifère sur un corps de terre jaunâtre et peint en bleu strié de hachures pour imiter la fourrure. Les initiales RSI sont accompagnées de la date «1672». On fabriquait des chats semblables en poterie agate dans le Staffordshire, pendant la première moitié du XVIIIe siècle, mais les chats de Lambeth, tels que celui-ci, sont extrêmement rares. Lady Charlotte Schreiber, rapportant dans son journal (novembre 1884) l'achat d'un spécimen analogue, note: «Mon chat appartenait, comme je m'en doutais, à Mr. Willett. Je présume que ce dernier s'en est séparé parce qu'il en avait deux spécimens plus anciens et meilleurs, à savoir, de 1672 et de 1674.» L'acquisition de Lady Charlotte est maintenant dans la Collection Schreiber au Victoria & Albert Museum.

17. PLAT. FAÏENCE. VERS 1680

D. 25 cm. Victoria & Albert Museum, Londres

Un plat «à touches bleues», décoré avec vigueur de tulipes en jaune, vert, manganèse et bleu, le bleu étant employé à la fois pour les touches du bord et pour les contours des fleurs et des feuilles. Les tulipes étaient un motif répandu dans l'art décoratif de l'époque. Voir également le commentaire accompagnant la Pl. 3.

18. PLAQUE A ROULER LES PILULES. FAÏENCE
VERS 1685

H. 28 cm. Larg. 24 cm. London Museum, Palais de Kensington

Cette plaque à rouler les pilules, en forme d'écusson héraldique, est décorée en camaïeu bleu de feuilles d'acanthe s'enroulant et des armoiries de la Compagnie des Apothicaires, soutenues par deux licornes. Le dragon (au centre) est peint en vert. Un autre exemple, reproduit par le Professeur F. H. Garner (*English Delftware*), porte également les armes de la Cité de Londres.

OPIFER QVE PER ORBEM DICOR

19. POT A POSSET. FAÏENCE. LONDRES. VERS 1690

H. 18 cm. Victoria & Albert Museum, Londres

Ce pot à goulot est fait pour contenir le *posset*, mélange de bière chaude épicée et de lait. Le décor en camaïeu bleu est une interprétation tardive des modèles dérivés des porcelaines chinoises, telle qu'on peut la voir sur la chope de la Pl. 13. Il s'agit d'un modèle évident d'argenterie, qui provient sans doute à l'origine de certains très rares pichets à goulot, du milieu du XVIIe siècle.

20. SAUCIÈRE. FAÏENCE. LAMBETH. VERS 1760

L. 20 cm. Victoria & Albert Museum (Legs Mellor), Londres

Toute faïence est composée d'une poterie tendre. Aussi, sauf pour les assiettes qui étaient faites en quantités considérables, est-il exceptionnel de trouver des faïences de service de table en assez bon état. Un service qui comprenait de nombreuses assiettes n'avait que deux ou trois saucières, et la rareté de celles-ci est compréhensible. La plupart des faïences, alors qu'elles n'étaient pas encore devenues des objets de collection, étaient jetées au rebut dès qu'elles se trouvaient cassées. La présente saucière est inspirée d'un modèle d'argenterie, elle est décorée en bleu de charmantes scènes marines dans un encadrement rococo de rinceaux.

21. ASSIETTE. FAÏENCE. BRISTOL. VERS 1760

D. 22,5 cm. Victoria & Albert Museum (Collection Schreiber), Londres

Cette assiette à bord festonné est recouverte d'un émail stannifère gris bleuté et ornée, sur l'aile, de motifs de fleurs et de feuillages en émail blanc opaque, le *bianco sopra bianco*, technique empruntée à la majolique italienne. Ce mode de décor est relativement fréquent à Bristol, et se trouve parfois aussi à Liverpool. Le centre de l'assiette est peint en camaïeu bleu d'une amusante combinaison de motifs européens et de motifs chinois.

22. THÉIÈRE. FAÏENCE. LIVERPOOL. 1765

H. 13 cm. Victoria & Albert Museum (Don Sir Wm. Lawrence, Bart.), Londres

Une pièce de service à thé en faïence est toujours chose très rare. Le corps de la faïence est tendre et la couverte facilement sujette aux accidents. En outre, les théières supportaient rarement l'eau bouillante sans se craqueler; les craquelures qu'on observe sur le corps de ce spécimen peuvent venir de ce fait. Les premières théières de porcelaine souffrent du même défaut, et Worcester, dans ses porcelaines, cherchera tout spécialement à éviter cet inconvénient. Les seules céramiques supportant l'eau bouillante, à l'exception de celles de Worcester, étaient les grès au sel. La théière ici reproduite est décorée par une combinaison de couleurs: manganèse pour les contours, bleu et vert-grisâtre dans la gamme de grand feu et rehauts en rouge et jaune de petit feu, caractéristiques des oeuvres de Liverpool (voir aussi la Pl. 4).

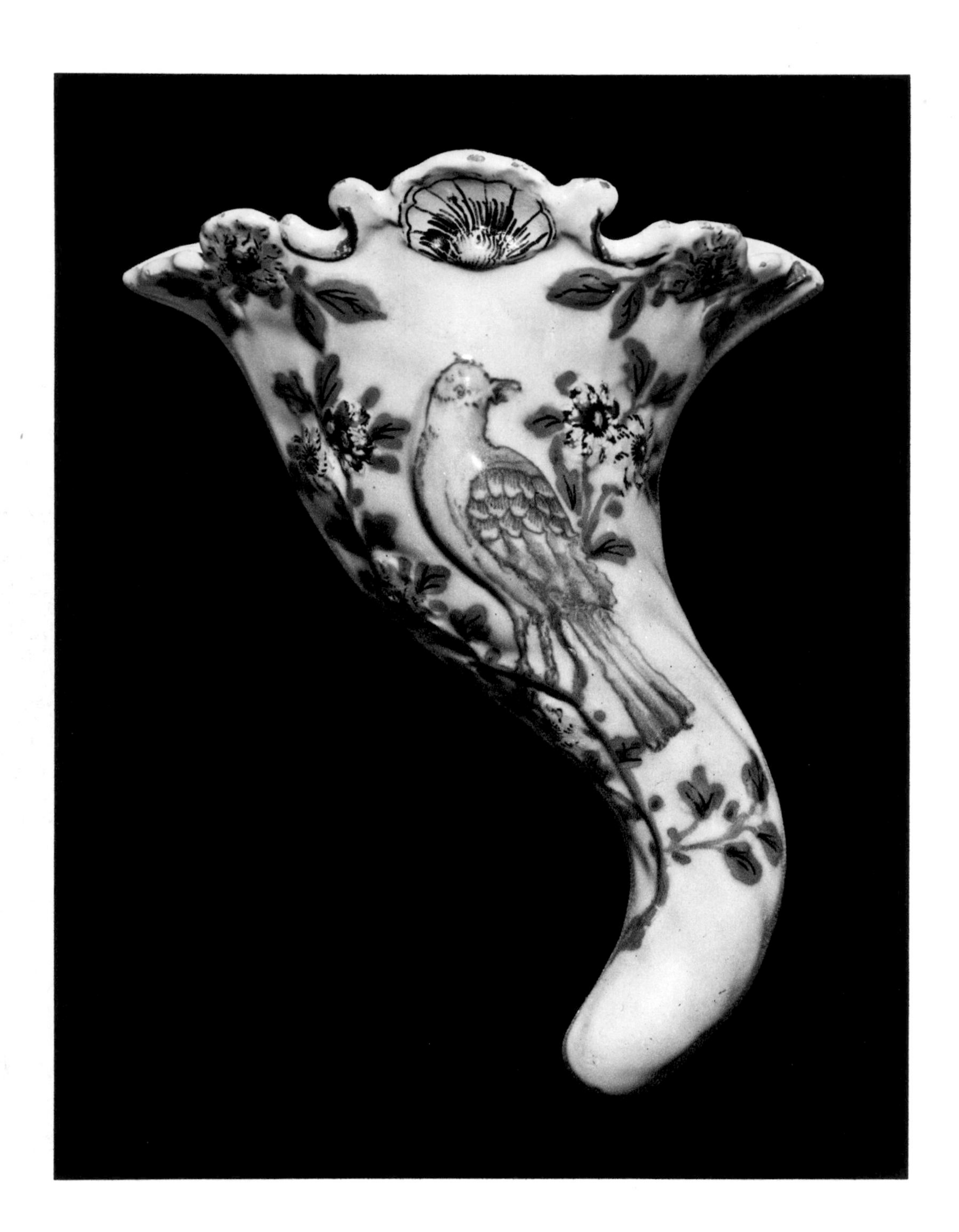

23. POCHETTE MURALE. FAÏENCE. LIVERPOOL. VERS 1765

H. 21,5 cm. Victoria & Albert Museum (Legs Mellor), Londres

Corne d'abondance modelée, ou pochette murale, décorée en bleu et vert, couleurs de la faïence de grand feu, avec des rehauts d'émaux rouges et jaunes. Des objets semblables étaient fabriqués en porcelaine à Worcester, et en grès au sel, mais les spécimens en faïences sont extrêmement rares. On peut voir un autre exemple de l'emploi de rouge et de jaune de petit feu Pl. 4.

24. VASE A BOIRE. POTERIE A DÉCOR D'ENGOBES
WROTHAM, KENT. 1649

H. 16 cm. Victoria & Albert Museum (Legs Wallace Elliot), Londres

Cette pièce est caractéristique des premières poteries de Wrotham à décor d'engobes. Le fond est brun sombre sur une terre rouge, la décoration ayant été en majeure partie exécutée à l'aide d'une terre de couleur plus claire. Le médaillon et la date sont en relief sur des tablettes de couleur claire appliquées. Au revers se trouvent les initiales IL et CWS. Les premières sont considérées comme celles de John Livermore. Deux des poignées sont visibles sur la reproduction.

1649

RALPH·SIMPSON

25. PLAT. POTERIE A DÉCOR D'ENGOBES. STAFFORDSHIRE
VERS 1685

D. 43 cm. Syndics du Fitzwilliam Museum, Cambridge

Ce grand plat à portrait, par Ralph Simpson de Burslem, est décoré à l'aide de laits de terre brun clair, brun foncé et crème. Aussi surprenant que cela puisse paraître, il s'agirait d'un portrait de Charles II. Un plat assez analogue, par Thomas Toft, porte le monogramme *C R*.

26. PLAT. POTERIE A DÉCOR D'ENGOBES. STAFFORDSHIRE VERS 1690

D. 43 cm. Galerie d'Art et Musée de Brighton (Collection Willett), Brighton, Sussex

Ce plat d'argile rouge a une couverte jaune avec des zones brun clair et des détails en brun sombre. Il porte les Armes Royales et il est signé par William Tallor, probablement le William Taylor dont l'œuvre est également représentée dans la collection Glaisher (Fitzwilliam Museum) et au British Museum. Dans la première de ces collections, le nom est orthographié «Talor».

WILLIAM:TALLOR

ABCDEFG

27. BERCEAU. POTERIE A DÉCOR D'ENGOBES. STAFFORDSHIRE VERS 1690

L. 28 cm. H. 16,5 cm. Victoria & Albert Museum (Don C. H. Campbell, Esq.), Londres

La raison d'être de ces berceaux semble assez obscure, mais il est probable qu'on les donnait aux couples de jeunes mariés pour les inciter à la fécondité. Ils ont pu, alternativement, servir de cadeaux de baptême, ce qui est moins probable. Les pratiques d'influences magiques étaient loin d'être inconnues en Angleterre au XVIIe siècle. Ce berceau est fait d'une poterie couleur chamois clair, recouverte d'une couche de terre crème, avec des ornements de terre brun sombre. Sur la face postérieure se trouvent les lettres INE: HENS.

28. POT. POTERIE A DÉCOR D'ENGOBES. STAFFORDSHIRE
VERS 1710

H. 11 cm. Victoria & Albert Museum, Londres

Ce pot est décoré à l'aide de laits de terre jaunes et bruns sur un corps d'argile rouge, suivant la technique dite «à plumes». Ce dernier procédé est, en général, légèrement plus tardif que celui des engobes au trait.

CUP TOMAS
FOR

29. POT A POSSET. POTERIE A DÉCOR D'ENGOBES STAFFORDSHIRE. 1710

H. 19 cm. Victoria & Albert Museum, Londres

Ce spécimen est décoré à l'aide de laits de terre jaunes et brun foncé. Il a trois poignées dont deux sont visibles, et trois rubans d'argile appliqués formant des boucles. La lecture correcte de l'inscription est probablement:

Thomas Dakin fit cette tasse pour Mary Scullthorp(e) ou pour son ami AD, 1710.

Les pots à *posset* à décor d'engobes sont extrêmement rares, et celui-ci est un modèle d'une qualité exceptionnelle.

GRÈS ANGLAIS

Les grès de la région du Rhin, de Cologne, de Raeren, de Siegburg et du Westerwald, étaient particulièrement populaires en Angleterre, et un commerce d'exportation important et prospère se développa bientôt. Des chopes en grès blanc (*Schnellen*) de Siegburg, ont été trouvées dans les fouilles faites à Londres mais, de loin la plus répandue, était une bouteille à bière ventrue, généralement décorée d'un masque appliqué sur le col. Ce masque passe pour une caricature du Cardinal Bellarmino exécré, et le vase lui-même prit le nom de «*bellarmine*». Le mot allemand pour ces pots est *Bartmannkrug*, et ils sont également connus en Angleterre sous le nom de *greybeards*. Le principal centre de fabrication se trouvait à Cologne et les objets de ce genre, en Angleterre, étaient souvent appelés «poteries de Cologne». Ceux à vernis brun moucheté, de beaucoup les plus nombreux, étaient dits «*tigerware*», et cet effet de vernis fut imité en émail stannifère sur quelques-uns des *Malling jugs* dont il a été question plus haut.

Pendant la première partie du XVIIe siècle, il est plusieurs fois fait mention de patentes pour fabriquer une imitation de ces grès allemands, mais il semble peu probable que des tentatives de ce genre aient été réalisées avant la venue à Londres de John Dwight de Fulham qui prit, en 1671, une patente pour: «le secret et l'invention de la fabrication des poteries transparentes communément connues sous le nom de porcelaine ou de *china*, et de grès vulgairement appelés poterie de Cologne».

Aucune sorte de grès n'avait jusque-là été fabriqué en Europe, sauf en Allemagne. Le grès est une matière partiellement vitrifiée, l'argile étant mélangée avec du sable et d'autres ingrédients fusibles, et la cuisson se fait à une température beaucoup plus élevée que pour les poteries. Quoique le vernis plombifère ait parfois été utilisé sur un grès, la plupart des céramiques de ce type étaient vernies au sel. On jetait une pelletée de sel dans le four lorsque celui-ci avait atteint son maximum de température et la chaleur libérait les composants du sel, sodium et chlore. Le sodium se combinait alors avec la silice du corps de la poterie pour former un enduit vitreux de silicate de sodium, d'apparence légèrement grêlée, comme la peau d'une orange. Le chlore s'échappait par la cheminée du four. A l'occasion, on mêlait un peu de plomb rouge au sel et le vernis est alors plus épais et d'aspect plus luisant.

Le grès est une étape importante vers la fabrication de la porcelaine, parce que l'un et l'autre exigent un degré beaucoup plus élevé de chaleur contrôlée que la poterie tendre. La température nécessaire, en particulier pour cuire une porcelaine réussie, est très élevée, et, par ces premières expériences pour le grès, le potier apprit beaucoup en ce qui concerne la conduite des fours de grand feu.

La fabrique de Fulham, appartenant à Dwight, imita les grès allemands (Pl. 35), mais elle fit également d'autres sortes de grès. Aucune porcelaine ne peut lui être attribuée, mais certains vases à parois minces, d'une matière blanc-grisâtre, sont légèrement translucides par place, et la translucidité, en Europe, était considérée comme la principale caractéristique de la nature porcelaineuse d'une céramique.

Dwight fit en outre une magnifique série de figures illustrées ici, Pl. 36 et 37, qui auraient été modelées par le sculpteur et tailleur de bois Grinling Gibbons (1648–1721).

Dwight, en 1693, attaqua plusieurs personnes pour infraction à son privilège. Parmi celles-ci se trouvaient deux frères John-Philip et David Elers, précédemment fabricants de grès rouge à Bradwell Wood dans le Staffordshire, et James Morley, potier en grès de Nottingham. Les carnets de notes de Dwight à Fulham ont été découverts en 1869, par lady Charlotte Schreiber, amateur bien connue de poteries et de porcelaines anglaises, dont les collections sont aujourd'hui au Victoria & Albert Museum à Londres. Les écritures couvrent une période de dix années et comprennent une liste de quelques-unes des recettes utilisées à la fabrique. Elles mentionnent tour à tour «une belle porcelaine blanche à cuire avec du sel» et «une porcelaine ou *china* rouge sombre». Ces carnets de notes ont depuis été perdus, mais le British Museum en conserve une copie manuscrite.

La mention de l'argile rouge sombre est particulièrement importante. Le thé, en tant que boisson, parvint en Angleterre peu après le milieu du XVIIe siècle. Il fut introduit en Europe pour la première fois par les Hollandais, en 1645. Les navigateurs envoyaient avec le thé des provisions de certains récipients à goulot, en grès non vernis, généralement de couleur brun-foncé, qui étaient fabriqués à Yi-hing dans la province chinoise du Kan-sou. On trouvait que ces vases faisaient du thé extrêmement bon, comme, en fait, c'est le cas. Jusque-là, il y avait peu de breuvages exigeant l'infusion, de sorte que la confection du thé posait quelques problèmes. Parfois, le thé était infusé par grandes quantités et mis en réserve dans des barils, d'où il était tiré et réchauffé suivant les besoins. La popularité des théières de Yi-hing est donc compréhensible; la demande en était telle qu'elles furent rapidement copiées en Europe, particulièrement par Ary de Milde en Hollande au cours du XVIIe siècle, et par E.W. von Tschirnhaus et J.F. Böttger à Meissen pendant les premières décades du XVIIIe siècle.

La «porcelaine rouge» de Dwight est encore une autre copie de ces grès de Yi-hing, mais il est difficile, voire presque impossible, d'identifier avec certitude des spécimens faits à Fulham.

Il faut citer un autre produit de Fulham (peut-être celui qui a le mieux subsisté). Il s'agit d'une série de chopes faites d'un grès gris et dont la partie supérieure est vernie en brun. Elles sont décorées de motifs en relief appliqués; un exemple typique, daté de 1729, figurant une meute de chiens et un lièvre, porte l'inscription:

«Dans les vallons de Banse nous trouvâmes un lièvre
Qui nous fit tous courir, fumant de sueur, à sa poursuite.»

Les objets de ce genre étaient faits pour les tavernes et n'apparaissent que postérieurement à la mort de Dwight en 1703. Un beau spécimen, de dimensions exceptionnellement importantes, est reproduit Pl. 38.

Des imitations de grès de Fulham ont probablement été faites dans le Staffordshire pendant les dernières années du XVIIe siècle, et une fabrique prospère fut établie à Nottingham par James Morley avant 1693. Cette même année, Morley était partie dans le procès pour infraction intenté par Dwight. Le vernis brun foncé a un aspect métallique particulier qui se reconnaît sur nombre de céramiques du même genre, originaires de Nottingham. Les inscriptions grattées dans l'argile sont assez fréquentes et nombre de spécimens sont datés, le plus récent connu remontant apparemment à 1774. De Nottingham, proviennent des pots à partie supérieure mobile simulant un ours, assez semblables à l'exemplaire reproduit Pl. 57. Ces dernières pièces sont sans doute à rapprocher des *Eulenkrüge* (pots-hiboux) allemands, qui étaient fabriqués en Angleterre en poterie à décor d'engobes. L'attaque de l'ours était un sport populaire dans les Midlands anglais, et, à la date de 1830, une Catherine Dudley de Stoke Lane entretenait encore un ours qu'elle louait dans ce but. L'animal était attaché à un pieu par un anneau passé dans son nez, et on lançait les chiens. En dépit de son handicap, l'ours se défendait généralement avec ardeur.

Les frères Elers méritent une mention particulière. Ils descendaient d'une famille saxonne et acquirent leur connaissance de l'art de la poterie à Cologne. Ils s'établirent d'abord en Hollande, avant de venir en Angleterre, et ils avaient exercé le métier d'orfèvres. L'influence sensible de l'argenterie contemporaine sur certaines des œuvres qui leur sont attribuées s'explique donc aisément (Pl. 30).

La date exacte à laquelle ils arrivèrent en Angleterre est incertaine, mais ce fut antérieurement à 1693, et ils transférèrent ensuite leurs activités en Staffordshire, avant 1698. Ceci est prouvé par une référence qui les concerne, donnée par le Dr Martin Lister. Relatant une visite à la manufacture de Saint-Cloud, Lister note: « Quant à la céramique rouge de Chine, que l'on faisait et que l'on fait actuellement en Angleterre avec une perfection beaucoup plus grande qu'en Chine... et dans ce genre particulier nous voyons deux frères hollandais qui ont travaillé en Staffordshire et se trouvaient voici peu de temps à Hammersmith. »

Hammersmith est à une courte distance de Fulham, et Lister, qui était un observateur avisé, semble ne pas avoir entendu parler de Dwight comme fabricant de ces poteries.

Les Elers trouvèrent un dépôt de bonne argile rouge, particulièrement satisfaisante, à Bradwell Wood en Staffordshire, et la fabrication paraît s'être développée à grande échelle. En dehors des grès rouges, il est difficile de dire ce que firent les Elers. Wedgwood, écrivant à Bentley en 1777, attribue aux Elers l'introduction du vernis au sel en Staffordshire, aussi bien que la fabrication de ce qu'il appelle la «porcelaine chinoise rouge». Wedgwood, qui écrit avec assurance, fait également allusion au façonnage de cette matière «dans des moules en plâtre et le tournage, pour l'extérieur, sur des tours». On peut mettre en doute la première assertion, car les moules en plâtre, d'après la tradition, furent introduits en Staffordshire par Ralph Daniels de Cobridge en 1745, mais du travail sur le tour on ne peut guère douter. Certains exemplaires attribués aux Elers sont finis avec trop de précision pour avoir été exécutés autrement.

Il semble aussi à peu près certain que les Elers introduisirent le vernis au sel en Staffordshire, et, dans le procès déjà cité, David Elers admettait faire «des chopes brunes communément appelées Cologne ou grès». Il est néanmoins impossible d'attribuer aux Elers des objets de cette catégorie avec le moindre degré de certitude. On peut seulement dire équitablement que lorsque les Elers arrivèrent en Staffordshire on n'y faisait que des poteries paysannes. Quand ils le quittèrent, en 1710, la grande industrie moderne de cette région avait pris naissance.

La qualité des poteries des Elers et leur intérêt ne pouvaient échapper aux autres fabricants du Staffordshire. Pour protéger leurs secrets de fabrication, les Elers n'employaient, autant que possible, que des ouvriers simples d'esprit et Astbury, en se faisant passer pour idiot, obtint un emploi à la fabrique, puis il entreprit de faire des poteries semblables à son propre compte. La céramique rouge devint bientôt un objet de fabrication générale et, le plus souvent, il est difficile de faire le départ entre les œuvres de tous les potiers qui s'y adonnèrent.

A ce sujet, il serait préférable d'avouer que certains noms sont employés de manière très empirique dans les études sur la poterie du Staffordshire, comme, par exemple, ceux des Elers, d'Astbury et de Whieldon. Les poteries fabriquées suivant les techniques dont ils passent pour les créateurs sont désignées sous le terme de «poterie des Elers» «poterie d'Astbury» ou «poterie de Whieldon», mais les imitations étaient chose courante, et les techniques, dans la plupart des cas, propriété collective. Ces termes ne sauraient donc être pris à la lettre sans quelques indications complémentaires dans certains cas. Néanmoins une classification, qui est indispensable pour l'étude de la poterie, serait difficile sans cette fiction bien appropriée et c'est pourquoi elle vaut d'être maintenue.

Astbury fit une grande quantité de céramiques rouges. Il réussit également une pâte blanche obtenue par addition de silex calciné, qu'il vernissait au sel. Cette matière se prêtait au rendu de reliefs exacts et compliqués dont le vernis mince augmente encore la précision aiguë et la netteté. Au début, les reliefs imprimés des Elers subsistent, bien que des détails, tels que les ornements de feuilles de vigne et de grappes, fussent souvent exécutés à part et appliqués. Des reliefs imprimés sur de petites plaques d'argile, ensuite appliquées, apparaissent également. Après on exécuta des plats et autres objets à l'aide de moules de métal et enfin avec des moules d'albâtre sculpté. L'argile poreuse cuite et le plâtre de Paris furent aussi utilisés dans le même but.

Le plâtre de Paris convenait tout spécialement au procédé du moulage en creux. Une couche d'argile liquide était versée dans l'intérieur du moule qu'on laissait absorber l'eau en partie, de telle sorte qu'un lit d'argile durcie se trouvât déposé sur la paroi de plâtre. Le surplus était ensuite rejeté, le moule détaché, et l'objet mis à sécher jusqu'à ce qu'il atteignît la dureté du «cuir», avant d'être cuit. Le même procédé servait à façonner certains objets de porcelaine, et il est aujourd'hui d'un usage général pour les modèles compliqués et pour les pièces de forme qui ne peuvent pas être exécutées sur le tour.

A ce stade de développement appartiennent les plats décorés de fins ornements moulés et repercés à jour (Pl. 46), se rattachant à l'argenterie contemporaine, qui demeurèrent en faveur pendant des années. La même tendance inspira la production de théières affectant des formes aussi curieuses que celle d'une maison, d'un chameau agenouillé ou d'un écureuil (Pl. 41). D'autres modèles de théières de la même époque comprennent le type en forme de coquille Saint-Jacques; la représentation en relief de figures chinoises fantastiques est un peu exceptionnelle, mais apparaît dans plusieurs objets.

Les chinoiseries devinrent si populaires dans le décor modelé ou peint de la porcelaine qu'il convient de les étudier ici. Nous avons déjà dit la faveur dont jouissait la porcelaine chinoise en Europe, et cette faveur ne fit que s'accroître à mesure que passait le temps. Nombre de livres illustrés furent publiés.

Certains étaient des travaux sérieux, écrits par des explorateurs qui avaient fait le voyage long et ardu d'Extrême-Orient. D'autres furent rédigés par des hommes qui n'avaient jamais quitté l'Europe, ni même étudié les ouvrages de ceux qui avaient acquis leur expérience sur place. Beaucoup d'entre ces derniers s'attachèrent à composer des modèles pour les divers arts décoratifs. Boucher, par exemple, fit des œuvres de ce genre et sa *Suite de figures chinoises* inspira les figures de porcelaine de nombre de fabriques européennes. Watteau également, exécuta des décorations dans le même esprit pour le Pavillon de la Muette, et Johann Gregor Höroldt, principal peintre de la manufacture d'Auguste le Fort à Meissen, donna des gravures qui furent utilisées par la fabrique comme des modèles à copier. Le graveur Jean Pillement fut aussi très souvent copié, certaines de ses compositions se reconnaissent dans les décors par impression des porcelaines anglaises.

Aux poteries à décor en relief vernies au sel, succéderont celles à décors polychromes d'émaux de petit feu. Vers 1750, le grès blanc verni au sel du Staffordshire était envoyé en Hollande pour y recevoir un décor peint. L'art en aurait été introduit en Staffordshire par deux Hollandais qui s'établirent dans Hot Lane. La suggestion que l'un d'eux s'appelait Willem Horologius est apocryphe, et on ne sait rien de ces artisans ni de leurs antécédents. La pratique de la peinture à l'émail s'était certainement implantée à Londres un peu avant 1750. Un atelier pour ce genre de travail fut installé vers 1751 par William Duesbury, plus tard fondateur de la fabrique de porcelaine de Derby, et nombre de manufactures de porcelaine lui confiait des pièces cuites en blanc à décorer. Alors qu'il est impossible de déceler sa main dans les pièces de services, il semble à peu près certain que les cygnes reproduits Pl. 31 ont été peints par lui.

Vers 1760, la peinture aux émaux de petit feu était une méthode générale de décoration des grès salins, et des pièces unies, sans décor en relief, étaient exécutées spécialement. Il existe des spécimens de grès à décor en relief de la première époque, qui ont été surdécorés de peintures sans lien entre les motifs; typiques du genre sont certaines théières, rares, destinées aux partisans Jacobites, à décor de coquilles Saint-Jacques en relief et avec une petite figure de Bonnie Prince Charlie au-dessus de la coquille.

Beaucoup de ces poteries portent des fleurs chinoises peintes dans la palette *famille rose*, les sujets chinois figurés étant sensiblement moins fréquents. On voit très souvent des portraits de Frédéric le Grand, héros populaire en Angleterre à l'époque, sur des théières, des plats et autres objets du même ordre. Dans la guerre de Sept Ans, l'Angleterre était alliée à la Prusse, et des inscriptions comme «Succès au roi de Prusse et à ses armées» apparaissent sur des poteries. Les spécimens de ce type peuvent, avec quelque certitude, être datés entre 1756 et 1759.

Un riche fond de couleur bleue passe pour avoir été introduit par William Littler, potier en grès verni au sel, qui fut associé à la manufacture de porcelaine de Longton Hall. Ce bleu, dit «bleu de Littler» apparaît sur des tessons mis au jour sur le site de la manufacture par le Dr Bernard Watney, confirmant l'attribution traditionnelle. Le fond bleu recevait parfois une décoration supplémentaire d'un peu de dorure à l'huile, aujourd'hui le plus souvent disparue, et de légers motifs peints en blanc.

Le décor par impression, étudié plus loin, p. 273, fut très fréquemment employé. Les spécimens en sont dus à Sadler & Green de Liverpool qui, en 1756, déclaraient sous la foi du serment avoir imprimé au-delà de douze cents carreaux en l'espace de six heures et avoir passé environ sept années à perfectionner le procédé. On trouve ces impressions sur les grès vernis au sel, en noir, dans un ton lilas et en rouge; elles sont parfois encore enrichies d'émaux.

La surface des poteries vernies au sel presque blanches, convenait particulièrement bien à la peinture à l'émail, et les couleurs prennent souvent sur ce fond un éclat remarquable.

Le bol à *punch* de la Pl. 33 se différencie de la plupart des exemples étudiés; il est tiré d'une gravure qui a également servi de sujet à un groupe précoce de porcelaine de Bow. Un certain Warner Edwards de Shelton est parfois considéré comme ayant été le premier potier du Staffordshire à appliquer les émaux peints sur les grès salins. Un décorateur de l'extérieur, Mrs. Warbuton, membre ancien d'une famille de potiers mieux connue par la suite, a peint des faïences fines crème pour Wedgwood peu après 1760 et passe également pour avoir décoré de la même manière des poteries au sel. Comme Wedgwood en a sans doute produit à cette époque, la supposition est assez vraisemblable.

La majeure partie des poteries à vernis salin de cette catégorie proviennent du Staffordshire, mais, en l'absence de marques, il est impossible de dire de quelles fabriques sont originaires les œuvres conservées. Des grès blancs et des grès bruns furent faits à Derby en moindre quantité et les deux classes sont mentionnées dans le *Derby Mercury* du 17 mars 1779, date à laquelle le stock de la fabrique fut mis en vente. Au début de son activité, la fabrique de Leeds produisit également des poteries blanches à vernis salin bien que les spécimens n'en puissent être identifiés.

Nous avons déjà mentionné les figures en grès blanc de Dwight. Un ou deux rares exemples en grès rouge ont été signalés mais ils ne peuvent pas être datés antérieurement aux environs de 1740. A Aaron Wood (sculpteur de moules et membre de la célèbre famille de potiers des Wood), on attribue une série de modèles simples qui sont particulièrement bien représentés par les groupes dits «au banc» *(Pew groups)* (Pl. 40). Dans ces groupes deux ou trois figures sont assises côte à côte sur un banc de chêne à haut dossier. Dans le même esprit, on trouve quelques figures féminines à jupes en forme de cloches. Certains chats en argiles marbrées (poterie «agate») sont amusants et rappellent des chats beaucoup plus anciens en faïence de Londres.

Les premiers groupes «au banc» sont modelés à la main, mais les bustes de Marie-Thérèse et de l'Empereur François Ier, de la collection Schreiber (Victoria & Albert Museum), ont été faits dans des moules et marquent la transition entre les œuvres du début et les statuettes plus tardives, de moindre intérêt, inspirées des modèles de porcelaine de Meissen. Deux de ces dernières, un *Turc* et son pendant, sont d'exactes copies de figures par J.F.Eberlein, et des exemplaires polychromes en furent probablement peints par William Duesbury à Londres. Les cygnes aux couleurs brillantes sont mentionnés dans les livres de comptes de celui-ci comme des «Cygnes nageant peints en entier». Ces pièces semblent devoir une part de leur inspiration au service aux cygnes de Meissen; une statuette de chien, vendue à Londres voici quelques années, montre de manière amusante cette habitude de copier des modèles de

Meissen, car l'animal porte sur son collier les initiales MPM pour *Meissner Porzellan Manufaktur*. On peut se demander si le potier en a compris le sens. Quelques figures de poterie à vernis salin se retrouvent aussi en porcelaine. Un groupe «à l'arbre» par exemple, fut répété littéralement à Longton Hall et le *Turc* et son pendant, d'Eberlein, furent exécutés dans cette même fabrique et à Bow. Ils sont à l'origine tirés des illustrations des *Différentes Nations du Levant* par de Ferriol, recueil publié à Paris en 1714, qui fut employé à Meissen comme une source d'inspiration pour les modèles de statuettes.

Une catégorie distincte de poterie, produite à partir des environs de 1740 jusque vers 1776, est la poterie dite à «gravure bleue». Les dates et les inscriptions y sont également fréquentes. Les ornements, généralement floraux, étaient incisés dans le corps de la poterie et teintés, avant la cuisson, à l'aide de bleu de cobalt pulvérisé. Les spécimens conservés sont en majeure partie des chopes et des pots, une grande tasse de fiançailles est illustrée Pl. 43.

La plupart des poteries à vernis salin du XVIIIe siècle n'ont guère d'équivalents continentaux, elles sont donc de sentiment purement anglais. En général les faux sont rares, bien que quelques pièces unies aient été surdécorées à une date postérieure. Parmi les plus souvent reproduits sont les grès salins bruns à reliefs appliqués, ils connurent une nouvelle popularité au XIXe siècle.

30. THÉIÈRE. GRÈS ROUGE. STAFFORDSHIRE. VERS 1700

H. 11 cm. Victoria & Albert Museum, Londres

L'un des rares spécimens qui puissent être attribués aux Elers avec certitude. Cette théière s'inspire en partie d'un modèle d'argenterie (la forme à pans coupés par exemple), et en partie des grès Yi Hsing. La base porte une pseudo-marque chinoise en relief. La décoration en relief sur les panneaux est mise en valeur par l'emploi d'un fond d'or mat, qui est d'un effet particulièrement remarquable, en harmonie avec le rouge sombre de la poterie. L'animal formant le bouton du couvercle a été copié sur un original chinois.

31. CYGNES AVEC LEURS PETITS. GRÈS AU SEL
STAFFORDSHIRE. VERS 1750

H. 20,5 cm. British Museum, Londres

Le décor en couleurs de ces cygnes brillamment émaillés semble être l'oeuvre de William Duesbury dans son atelier de Londres. Ils sont mentionnés dans le livre de comptes de celui-ci comme «des cygnes nageant, peints en entier», et ils furent envoyés du Staffordshire à Londres dans le but de recevoir leur décor. Le modèle vient probablement, à l'origine, du service aux cygnes fait à Meissen sur l'ordre d'Auguste III pour le directeur, comte de Brühl, en 1737. Des cygnes assez proches se remarquent parmi les fournitures de ce service, mais la couleur, ici, est entièrement originale.

32. THÉIÈRE. GRÈS AU SEL. STAFFORDSHIRE. 1755

H. 10,5 cm. Syndics du Fitzwilliam Museum, Cambridge

Cette théière, qui a une anse et un bec en forme de branches d'arbre, est décorée de feuilles de vigne et de grappes sur des ceps. Les couleurs ne semblent pas être celles de Duesbury et furent probablement appliquées dans le Staffordshire.

33. POT A PUNCH. GRÈS AU SEL. STAFFORDSHIRE. VERS 1760

H. 21 cm. Victoria & Albert Museum (Collection Schreiber), Londres

Ce pot à *punch*, ayant l'apparence d'une théière de dimensions exceptionnelles, était employé pour faire et pour servir le *punch*, mélange d'alcools avec du lait chaud, des épices et du sucre. Le *punch* était très populaire; on employait également de grands bols pour sa préparation et pour le servir. La décoration en émaux de couleurs garde un certain caractère d'esquisse et elle a, de toute évidence, été suggérée par une gravure. Le sujet, *Amoureux avec une cage d'oiseaux*, a aussi été employé à Bow, vers 1750, pour un très joli groupe, par le «Modeleur des Muses».

34. POT. GRÈS AU SEL. STAFFORDSHIRE. 1764

H. 20,5 cm. Victoria & Albert Museum (Legs Wallace Elliot), Londres

Ce pot est décoré de manière amusante en émaux de couleurs. Le sujet montre un galant et une dame jouant les berger et bergère. Ces déguisements pastoraux ne connurent jamais en Angleterre la même vogue que sur le Continent, bien que le sujet se voit très souvent en porcelaine, sous une forme ou sous une autre. L'inscription portée par le pot est la suivante:

B
IM
1764.

Les initiales sont sans doute celles de la personne pour laquelle l'objet fut fait.

B
IM
1764

35. BOUTEILLE A BIÈRE. GRÈS DE DWIGHT. VERS 1680

H. 20,5 cm. Victoria & Albert Museum (Collection Schreiber), Londres

Cette bouteille a été trouvée dans une chambre murée de la vieille fabrique de Fulham, en 1862; elle est donc, sans aucun doute, originaire de ce lieu. Par sa forme et par son vernis, elle ressemble très exactement aux bouteilles de grès rhénanes (*Bartmannkrüge*) populaires en Angleterre à l'époque. Les lettres CR, qu'on remarque dans le médaillon, signifient *Carolus Rex*, dans le cas présent Charles II. Le masque diffère sensiblement de ses prototypes allemands. Ces copies anglaises du XVIIe siècle d'après des grès rhénans sont très rares, mais il est possible que quelques-unes se trouvent dans des collections privées anglaises, attribuées par erreur à l'Allemagne.

C R

36. LE PRINCE RUPERT. GRÈS DE DWIGHT. VERS 1680

H. 57,5 cm. British Museum, Londres

Portrait en buste du prince Rupert de Bavière (1619–1682), fils de Frédéric V, Electeur et roi de Bohême, et de la princesse Elizabeth d'Angleterre. Rupert soutint Charles Ier pendant la guerre civile, et, plus tard, se joignit à Charles II à Versailles, pour revenir en Angleterre au moment de la Réforme. Il était membre du *Board of Trade* et prit part à la fondation de la Compagnie de la Baie d'Hudson. Ce magnifique portrait est une des plus importantes réussites de la céramique anglaise. Modelé directement dans le grès par Grinling Gibbons, il fut cuit à la sortie des mains du sculpteur, et aucun moule permettant de le reproduire n'en fut pris. Il est, de ce fait, unique. Sa seule décoration consiste en légers rehauts de dorure.

37. CHASSEUR. GRÈS DE DWIGHT. VERS 1680

H. 24,5 cm. British Museum, Londres

Cette figure finement modelée en grès grisâtre a été attribuée au sculpteur anglais sur pierre et sur bois, Grinling Gibbons. C'est une pièce unique. Le chasseur porte un lièvre jeté sur son épaule droite et une épée au côté. Le léger défaut qui se remarque dans le visage est dû à un accident, sans doute en plaçant la statuette dans le four alors qu'elle était encore à l'état plastique (cf. Pl. 36).

38. CHOPE. GRÈS DE FULHAM. 1739

H. 25,5 cm. Victoria & Albert Museum (Collection Schreiber), Londres

Un exemple tardif mais imposant de grès de Fulham dans la tradition rhénane. Il est probable qu'on ne fit des pièces de ce genre qu'après la mort de Dwight. Les ornements étaient moulés séparément et appliqués; ils représentent ici des chasseurs et des chiens poursuivant un lièvre. Les inscriptions suivantes sont gravées sur le corps de la poterie. Entre les motifs en relief: *Southwell for ever* (pour toujours) *C. W. M.* 1739, sous la base: *John Harwell.*

Les pichets et les chopes de ce type ont souvent été copiés par la suite.

39. CHOPE. GRÈS AU SEL. STAFFORDSHIRE. 1740

H. 18 cm. Victoria & Albert Museum (Collection Schreiber), Londres

Cette chope, décorée d'ornements en relief estampés et appliqués, commémore la prise de Portobello par l'amiral Vernon. Le décor représente la bataille avec une figure en relief de l'amiral, outre des navires, des édifices, des canons etc. ... L'inscription peut se traduire de la manière suivante:

La gloire britannique ranimée par l'Amiral Vernon.
Il prit Porto Bel (lo) avec six navires seulement
le 22 novembre de l'année 1739.

Les mêmes ornements en relief se retrouvent sur des céramiques d'Astbury (cf. p. 116).

The BRITISH GLORY ReVIVeD
BY ADMIRAL VeRNON

40. GROUPE. GRÈS AU SEL. STAFFORDSHIRE. VERS 1740

H. 19 cm. Syndics du Fitzwilliam Museum, Cambridge

Ce groupe se rattache aux groupes dits «au banc» (*pew groups*), tant par le style du modelé que par la tablette à haut dossier qui ressemble à un banc. Il illustre le sujet toujours populaire de la Chute, Eve étant sans doute, malgré sa taille plus élevée, la figure qui se trouve à droite sur l'image. Les feuilles de figuier sont indiquées de façon sommaire, tandis que le lecteur s'étonnera peut-être de l'apparition simultanée de fleurs et de pommes sur l'arbre. Les yeux sont indiqués à l'aide d'une terre presque noire. Les groupes de ce genre étaient modelés à part et non reproduits par des moules. Ils sont extrêmement rares.

41. THÉIÈRE. GRÈS AU SEL. STAFFORDSHIRE. VERS 1745

H. 14,5 cm. Syndics du Fitzwilliam Museum, Cambridge

Cette théière simulant un écureuil qui tient une noix s'apparente à d'autres théières en grès au sel, en forme de chameau, de maison et ainsi de suite, mais celle-ci est beaucoup plus rare. Ces céramiques sont légères et moulées en couche mince. L'anse est en forme de dragon; les motifs d'ornement en relief, oiseaux parmi des branchages, sont tardivement dérivés de décorations chinoises peintes.

42. GROUPE « A L'ARBRE ». GRÈS AU SEL
STAFFORDSHIRE. VERS 1745

H. 18 cm. Galerie d'Art et Musée de Brighton (Collection Willett), Brighton, Sussex

Cet amusant groupe en grès au sel, représentant des amoureux sous un arbre en éventail, caractérise toute la série. Il a été moulé, puis partiellement repris à la main. Les yeux sont indiqués à l'aide de terre brune. Les spécimens de ce genre sont aujourd'hui extrêmement rares.

43. TASSE DE FIANÇAILLES. GRÈS AU SEL. STAFFORDSHIRE. 1748

H. 20 cm. Galerie d'Art et Musée de Brighton (Collection Willett), Brighton, Sussex

Une grande tasse de fiançailles à anses plates, décorée de cercles concentriques incisés. L'inscription se lit:

Elizabeth Wall 1748
George Wall 1748

et elle est rehaussée de bleu. Cet exemplaire appartient à la classe des céramiques dites «à gravure bleue» (*scratched blue*).

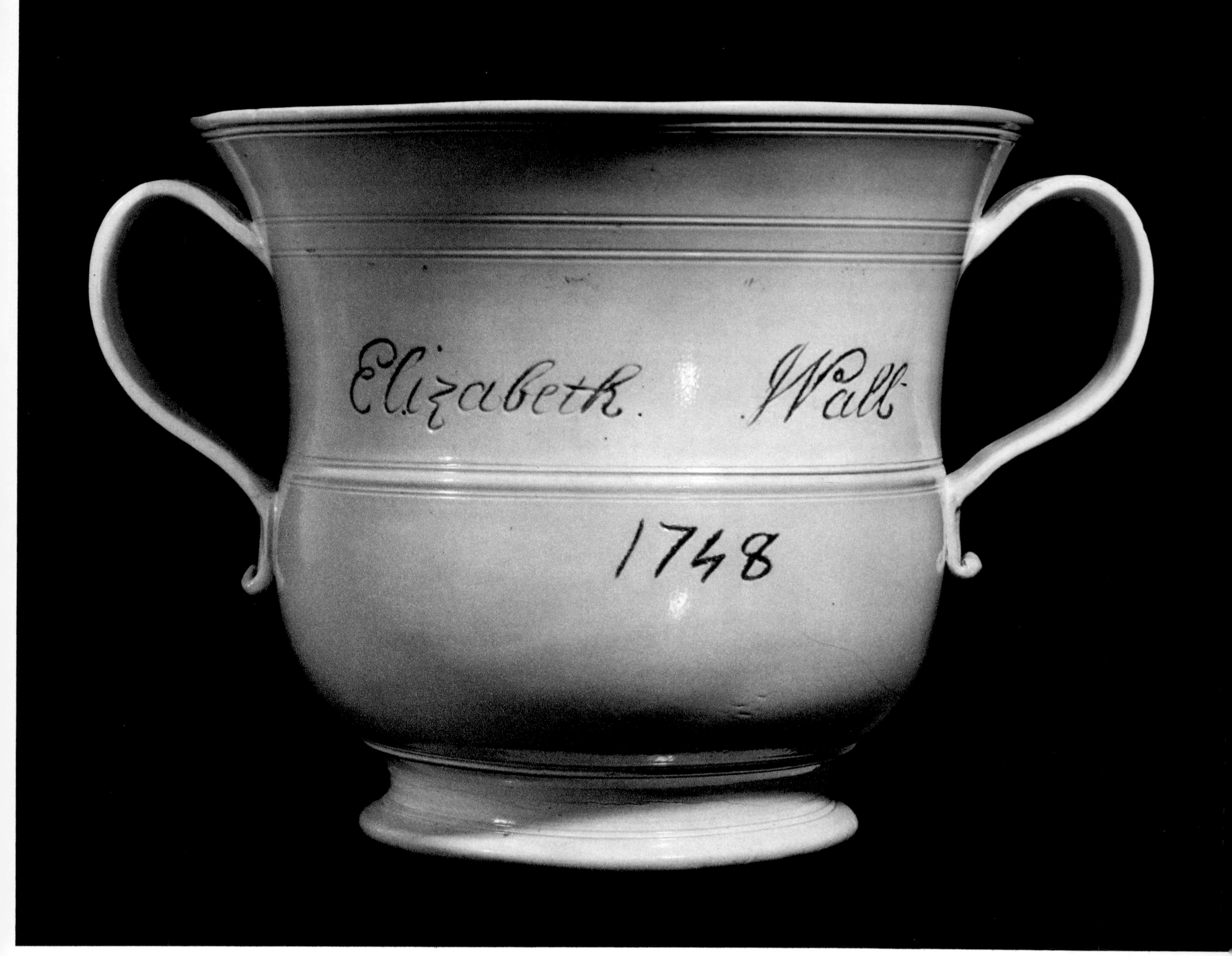
Elizabeth Wall
1748

44. CHANDELIER. GRÈS AU SEL. STAFFORDSHIRE. VERS 1750

H. 28,5 cm. Syndics du Fitzwilliam Museum, Cambridge

Le tronc d'arbre noueux est surmonté d'un godet de feuillage; les fleurs et les feuilles sont modelées à part et appliquées. Le cerf, à la base, ressemble au cerf d'une terrine de Meissen, des environs de 1750 (cf. catalogue de la collection Fischer, No 585, p. 85). La pâte est d'un ton chamois très pâle.

45. THÉIÈRE. GRÈS AU SEL. STAFFORDSHIRE. VERS 1750

H. 12 cm. Galerie d'Art et Musée de Brighton (Collection Willett), Brighton, Sussex

Cette théière a une anse et un bec contournés dont la forme est inspirée par des branches d'arbres. La décoration est exécutée à l'aide d'émaux verts, bleus, puce et jaunes; la couleur rose étant obtenue par l'intermédiaire d'un pigment blanc semblable à l'émail stannifère blanc employé pour la faïence. Le sujet est un portrait à mi-corps du prince Charles Edouard, le jeune Prétendant, en costume écossais, dans une couronne de laurier flanquée d'une rose et d'un chardon, dont la signification est indiquée dans le texte (p. 119). Cette théière fut faite pour des partisans jacobites, et il se peut qu'elle ait été peinte en Hollande. Il est certain qu'après la sanglante défaite de la Rébellion en 1745, l'Angleterre n'était plus un lieu très sûr pour les fidèles de la Maison des Stuart.

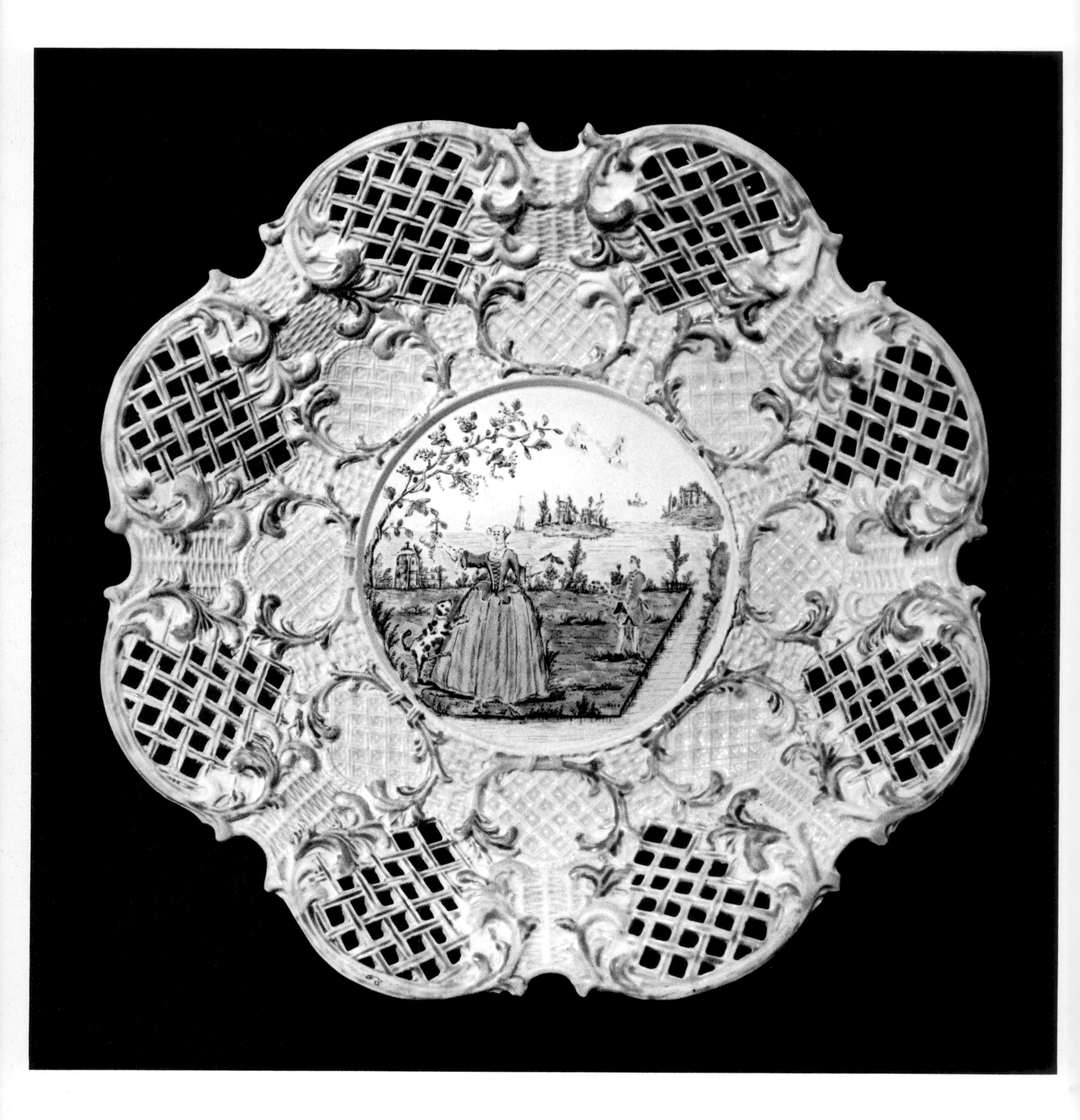

46. PLAT. GRÈS AU SEL. STAFFORDSHIRE. VERS 1740

D. 27,5 cm. Victoria & Albert Museum (Collection Schreiber), Londres

Ce plat est moulé en manière de corbeille de vannerie avec des panneaux treillissés ajourés. Il reproduit un modèle d'argenterie contemporain, comme font nombre d'autres plats de grès de ce type. Le centre est peint d'une jeune femme cueillant des raisins au bord d'un canal, avec un estuaire dans le lointain. Les couleurs employées sont principalement le rose, le vert, le ton turquoise, le bleu clair et le jaune; les rinceaux rococo sont rehaussés de touches de couleurs. Le traitement du sujet évoque les peintures hollandaises. Le décor ajouré se généralise avec l'introduction de la faïence fine crème, et, vers la fin du siècle, il se fera plus compliqué (cf. Pl. 62).

Nous avons déjà signalé les relations entre Astbury et les Elers. John Astbury et son fils Thomas fabriquaient de la poterie dans le Staffordshire en 1725, et les documents d'une date plus avancée dans le XVIIIe siècle citent d'autres membres de la famille. Les premières céramiques ne portent pas de dates mais certaine poterie rouge plus tardive, probablement fabriquée vers 1760, a la marque «Astbury» imprimée, et des marques semblables apparaissent sur des spécimens isolés de «basalte» noir et sur des faïences fines crème.

La poterie rouge vient naturellement de l'époque où Astbury travaillait chez les Elers, mais il a employé une matière analogue pour une poterie décorée d'ornements imprimés sur des plaques d'argile blanche, le tout étant recouvert d'un vernis plombifère jaunâtre. La couleur de la pâte varie du rouge à un ton chamois pâle, ce qui est plutôt dû à la température de cuisson qu'à une différence de composition dans la pâte elle-même.

Les plaques d'argile appliquées étaient traditionnellement faites d'argile blanche du Devon, et Astbury aurait été le premier à utiliser de l'argile provenant de ce dépôt. Cela semble assez douteux. La découverte de cette argile est également attribuée à William Cookworthy de Plymouth, à une date bien postérieure. En outre, du silex brûlé et réduit en poudre, dont Dwight de Fulham le premier eut l'idée, fut probablement introduit par Astbury. C'est là un ingrédient essentiel de la faïence fine crème.

La datation de cette catégorie d'objets est grandement facilitée par l'existence d'un bol exécuté en 1739, décoré de reliefs figurant des vues de Portobello, des bateaux, des marins et des canons et portant cette inscription:

«Toi, orgueil de l'Espagne humiliée par l'amiral Vernon
Il prit Portobello avec six navires seulement
Le 22 novembre 1739.»

Un exemplaire à vernis salin est reproduit Pl. 39, et il est peu probable que beaucoup d'objets décorés de la sorte aient pu être exécutés à une date très antérieure à 1740.

Un autre type de décoration moulée en relief est celui des feuilles de vigne et des grappes se détachant souvent en blanc sur un fond sombre, qui devint bientôt extrêmement populaire; ce motif a été employé sur toute une variété de céramiques. Une pièce à vernis salin est reproduite Pl. 32. De même que les Elers, Astbury empruntait beaucoup de ses formes à l'argenterie contemporaine, et des détails tels que les pieds en pattes d'animaux des théières et d'autres semblables sont d'évidents modèles d'orfèvrerie.

Astbury fit une certaine quantité de poterie «agate». Les argiles de couleurs différentes étaient d'abord étalées en plaques placées l'une sur l'autre, puis coupées et recoupées jusqu'à ce qu'elles fussent suffisamment mélangées. Un travail de même apparence, dans lequel les couches colorées sont entremêlées, a déjà été mentionné sous le nom de poterie «marbrée». On employait des argiles tachetées de bleu et de brun pour ce genre de produits qui furent également fabriqués en France, à Apt et ailleurs.

Des céramiques rouges, d'époque plus tardive, attribuées à la famille Astbury, sont souvent décorées de guillochis. Ce travail s'exécutait en découpant les motifs sur un tour avant la cuisson et ceux-ci prennent souvent l'aspect d'une sorte de vannerie. Le procédé fut très employé par Wedgwood dans la décoration des poteries rouges auxquelles il a donné le nom de *rosso antico*, et pour les poteries «basalte» noires.

Quelques-unes des premières statuettes du Staffordshire ont été attribuées à Astbury. Elles sont composées des argiles rouges, brunes et blanches employées pour les poteries précédemment décrites, en combinaison avec un vernis plombifère, et, dans certains cas, le vernis est éclaboussé de couleurs. Ces derniers produits sont souvent dits d'«Astbury-Whieldon» parce que Thomas Whieldon, dont il sera question plus loin, ayant fait un abondant usage de vernis tachetés, l'attribution à Astbury demeure incertaine.

Ces statuettes d'Astbury sont sans recherche et, de toute évidence, une forme amusante de poterie paysanne. Certaines sont la répétition de modèles que l'on trouve déjà dans d'anciennes versions à vernis salin. La plupart des exemplaires conservés représentent des cavaliers ou des musiciens et ils sont extrêmement rares. Quelques musiciens sont reproduits Pl. 48.

Thomas Whieldon, né en 1719, établit une fabrique à Fenton Low, en Staffordshire, en 1740, pour la fabrication de menus objets tels que les manches de couteaux en poterie «agate». Sa fabrique était très peu importante, se composant d'une rangée de chaumières. Il vendait ses propres produits, voyageant de ville en ville avec des échantillons de ses poteries.

Whieldon a joué un rôle important, non seulement par les poteries qu'il fabriqua, mais aussi en raison de ses relations avec d'autres potiers appelés à devenir célèbres par la suite dans la grande industrie du Staffordshire. En avril 1749, par exemple, il «engagea Siah Spode pour lui donner jusqu'à la prochaine Saint Martin d. 2/3 ou d. 2/6 s'il le méritait». Josiah Spode devait plus tard introduire la formule de «*bone china*» (porcelaine contenant des cendres d'os calcinés), aujourd'hui type courant de porcelaine. En 1754, Whieldon rencontra Josiah Wedgwood avec lequel il s'associa. C'est à Wedgwood que nous devons nombre de renseignements sur le caractère personnel de Whieldon qu'il tenait en haute estime. Whieldon, d'accord avec son nouvel associé, lui fit faire des recherches sur les vernis colorés, les résultats devant être utilisés à leur commun profit, mais Whieldon n'exigea pas la propriété de la recette des couleurs. Ces expériences conduisirent à la production de poteries en forme de chou-fleur, de pomme de pin et autres, recouvertes de vernis verts et jaunes, d'une qualité jamais atteinte en Staffordshire auparavant. Un précoce exemple de théière, d'un type fabriqué par Wedgwood à cette époque, est reproduit Pl. 81.

Les premières poteries de Whieldon étaient composées d'une pâte légère de couleur chamois et leur vernis moucheté avec le brun-violacé tiré de l'oxyde de manganèse, technique non sans analogie avec celle qu'employait Bernard Palissy au revers de nombre de ses plats. Par la suite, d'autres couleurs furent introduites – vert, gris et jaune – combinées avec le manganèse pour obtenir des effets moirés ou «nuageux» dits «écaille» (*tortoise-shell*) (cf. Pl. 51). Ces vernis «écaille» sont ceux qui subsistent en plus grande abondance, ils étaient utilisés pour revêtir toute une variété d'objets: assiettes, théières, cafetières, pots à crème etc. Beaucoup d'entre eux portent une décoration en relief, et la plupart s'inspirent de l'argenterie. On trouve même, à l'occasion, des chinoiseries en relief sur des théières à pans coupés. Les ornements floraux et les feuilles de vigne moulés font un effet remarquable.

La maîtrise que Whieldon avait acquise dans le maniement de ses matières premières est prouvée par l'existence de pièces à double parois (Pl. 62), la paroi extérieure étant découpée à jour suivant des modèles assez compliqués. Les fouilles sur le site de l'ancienne fabrique à Fenton Low ont révélé la diversité de sa production; tous les genres y ont été trouvés: des tessons de poterie dure rouge, analogue à celle d'Astbury, des pièces à vernis salin (y compris celles de la catégorie à «gravure bleue»), des poteries à vernis noir du type attribué à Jackfield et des poteries de ton chamoisé qui sont une première version des faïences fines crème de Wedgwood. Whieldon fit un fréquent usage des parois et becs en forme de troncs noueux pour des objets tels que les théières. Celles-ci imitent des branchages et leurs couvercles affectent volontiers la forme d'un oiseau aux ailes étendues.

Des statuettes décorées avec ces vernis de couleurs furent exécutées et la plupart d'entre elles sont simples et amusantes, certaines existent à la fois dans cette dernière technique et en poterie à vernis salin. On en trouve aussi quelques-unes composées d'une porcelaine blanche à couverte épaisse, datant des premières années de l'activité de la fabrique de Longton Hall, les pièces du groupe dit du «bonhomme de neige» étudié plus loin. Whieldon a qualifié ces figures de «statuettes-jouets», et elles s'étendent des copies assez exactes de figures chinoises à l'origine en porcelaine blanche de To-houa (province du Foukien), jusqu'aux oiseaux sur des bases rococo en troncs d'arbres, imités des porcelaines contemporaines. Ces dernières céramiques datent des environs de 1760, et le vernis moucheté est très décoratif. Les statuettes de Whieldon s'échelonnent de 1750, ou un peu plus tôt, aux environs de 1780 et elles montrent un degré croissant de recherche dans le modelage et la finition à mesure que passent les années (comparer par exemple la Pl. 58 avec la Pl. 65).

Whieldon exerça une influence capitale sur le développement de l'industrie céramique en Staffordshire, particulièrement pendant les années du milieu du XVIIIe siècle. Ce faisant, il s'enrichit et fut nommé *High Sheriff* du Comté en 1786. Il mourut en 1798, à l'âge de 79 ans.

La poterie à vernis noir, trouvée sur le site de la fabrique de Whieldon, fut également pratiquée en d'autres lieux du Staffordshire, et particulièrement dans une fabrique à Jackfield en Shropshire. On a pris l'habitude d'attribuer, sans discrimination, toutes les poteries à vernis noir à Jackfield, mais, en réalité, seuls un petit nombre de types assez bien déterminés semblent en être originaires. La date à laquelle la fabrique fut établie nous est inconnue, mais vers 1750 elle se trouvait sous la direction de Maurice Thursfield. Le vernis noir était appliqué sur une poterie rouge et souvent décorée avec des emblèmes jacobites en dorure à l'huile et en couleurs laquées (non cuites). Ces pièces, pour la plupart, sont aujourd'hui en très mauvais état. Du fait que le décor n'était pas cuit il cédait vite à l'usure et aux chocs. En ce qui concerne les céramiques communément attribuées à Jackfield, on ne peut qu'accepter comme la plus propable pour nombre d'entre elles une origine du Staffordshire, et principalement de la fabrique de Whieldon.

Il faut dire un mot des Jacobites car des motifs qui leur sont associés apparaissent fréquemment sur les céramiques et les verreries anglaises de l'époque, et, moins souvent, sur les porcelaines.

Ce nom est donné aux partisans de la Maison des Stuart après la Révolution de 1688 qui fit tomber Jacques Ier du trône d'Angleterre et le remplaça par Guillaume Prince d'Orange. Le mot vient de Jacobus, la forme latine de Jacques. Les Stuart avaient beaucoup de partisans, principalement en Ecosse, mais aussi, semble-t-il, en Staffordshire et, d'une manière générale, dans les Midlands. Une révolte jacobite eut lieu en 1715, et une autre en 1745, lorsque Bonnie Prince Charlie débarqua en Ecosse et proclama roi son père Jacques III. Il subit une défaite sanglante à Culloden, par le duc de Cumberland, le second fils de George II, qui reçut le sobriquet de *the Butcher* (le Boucher) pour le traitement qu'il infligea aux rebelles. Il n'en demeure pas moins que ce fut la dernière rébellion jacobite et que les Jacobites jouèrent désormais un rôle de plus en plus effacé dans la politique anglaise, bien que la Reine d'Angleterre actuelle soit considérée comme Mrs. Philip Mountbatten par quelques derniers survivants de la « frange » de la folie (*the lunatic fringe*).

A côté de quelques portraits isolés, comme celui reproduit Pl. 45, les roses sont un emblème jacobite. Une grande rose passe quelquefois pour évoquer le Vieux Prétendant au trône, James Francis Edward Stuart, et deux boutons, quand ils apparaissent, pour ses fils, Charles Edward (Bonnie Prince Charlie) qui était le Jeune Prétendant et Henry Benedict, son cadet. L'interprétation est un peu douteuse, et une autre suggestion, d'après laquelle la rose symboliserait la couronne disputée et les boutons les Vieux et Jeune Prétendants, est peut-être plus acceptable. La feuille de chêne est aussi un emblème jacobite et peut symboliser une nouvelle Restauration analogue à celle de Charles II qui se cache dans le chêne de Boscobel quelquefois évoqué sur des poteries à engobes. Le chardon, naturellement, représente la Couronne d'Ecosse, et celui-ci aussi peut avoir un ou deux boutons.

Au XVIIIe siècle, la Maison de Hanovre était loin de se trouver solidement assise sur le trône d'Angleterre, et nombre de personnages importants, le Dr Samuel Johnson par exemple, étaient partisans de la cause des Stuart. Il n'est donc pas surprenant de trouver des allusions indirectes de ce genre sur la poterie et les objects qui en dérivent.

Les statuettes dont il a été question jusqu'ici sont, d'une manière générale, des produits en marge de la fabrication des céramiques utilitaires. Les premières statuettes de poterie fabriquées à une assez grande échelle furent celles de Ralph Wood.

Wood appartenait à une importante famille de potiers du Staffordshire. Fils de Ralph Wood, meunier de Burslem, il naquit en 1715. Deux ans plus tard, son frère, Aaron Wood, venait au monde et l'attribution à ce dernier des poteries à vernis salin du groupe «au banc» a déjà été signalée.

Ralph et Aaron Wood semblent tous deux avoir commencé comme «*block-cutters*», c'est-à-dire comme faiseurs de moules, et il existe des moules pour les grès salins signés de l'un ou de l'autre. On ignore la date exacte à laquelle Ralph Wood fonda sa fabrique, les environs de 1745 semblent plausibles. Peu de statuettes connues peuvent être attribuées à une date antérieure à 1760, et la fabrication s'en poursuivit jusque vers 1790. Le fils de Ralph Wood, Ralph également, naquit en 1748 et rejoignit son père dans l'entreprise familiale probablement avant 1770. Le père mourut en 1770 et le fils en 1795.

Les statuettes exécutées par les Wood sont souvent marquées. Deux marques sont reconnaissables: «R.Wood» et «Ra. Wood» et le nom de la ville «Burslem» leur est quelquefois ajouté. On s'appuie sur cette différence de signature pour faire le départ entre les œuvres du père et celles du fils, ce dernier employant «Ra. Wood». Nombre de raisons justifient cette supposition, dont la plus convaincante est le fait que toutes les figures marquées «R. Wood» sont décorées à l'aide de vernis colorés. Elles ne sont pas dans la tradition des couleurs entremêlées ou «écaille» de Whieldon. Au lieu de cela chaque couleur est assez distincte et séparée. D'autre part, certaines des figures marquées «Ra. Wood» sont peintes avec des émaux sur un vernis clair. En outre, un numéro de fabrique est parfois ajouté sur les pièces du type associé au nom du fils, mais jamais sur celles exécutées dans la technique donnée au père. Un exemple exceptionnel, par Ralph Wood le fils, est reproduit Pl. 145. C'est un groupe d'un type assez fréquent dans la pâte de couleur crème que les Wood ont employée, mais, ici, la figure est en porcelaine et décorée d'émaux de couleurs.

Un modeleur français, du nom de Jean Voyez, dont les œuvres sont nettement influencées par celles de Paul Louis Cyfflé de Lunéville, fut peut-être associé aux Wood. Voyez serait venu de la région d'Amiens; peu après 1760 il travaillait à Londres comme orfèvre et, par la suite, comme sculpteur sur bois pour les frères Adam. Il fut signalé à Josiah Wedgwood, qui cherchait alors des modeleurs de talent, comme ayant la réputation d'être le meilleur modeleur de Londres. En 1768, Wedgwood lui établit un contrat pour trois ans et lui avança l'argent pour son voyage au Staffordshire. Cet accord néanmoins fut de peu de durée. Voyez fut condamné à trois mois d'emprisonnement et au fouet par les Assises du Staffordshire, en 1769, pour une offense indéterminée. On dit qu'il fut découvert alors qu'il prenait un moulage sur le nu, le modèle étant la fille du cocher de Wedgwood. Quelle que soit la cause, il est certain qu'elle ne peut pas avoir été le manque d'habileté, car, Wedgwood s'était engagé à payer à Voyez ses appointements complets de trente-six shillings par semaine, à condition qu'il ne travaillât pas ailleurs en Staffordshire. Insatisfait de cet arrangement, Voyez prit un emploi chez un imitateur de Wedgwood, Palmer de Hanley, et répandit des bruits préjudiciables à Wedgwood.

Nous savons peu de choses des rapports de Voyez avec les Wood, bien qu'il ait partagé pendant quelque temps le logement de Ralph Wood junior à Burslem. Sa présence a été supposée principalement pour des questions stylistiques et d'après certains pots décorés en relief dans la manière de Ralph Wood, portant l'inscription «*Fair Hebe*» (Pl. 71), dont quelques-uns sont signés de Voyez. Des statuettes dans le style de ce pot peuvent également être attribuées avec quelque certitude à Voyez.

Les figures dans le style de Cyfflé, faites à cette époque (Pl. 67 par exemple), indiquent la présence d'un modeleur français. Ces figures sont d'une agréable veine sentimentale, Cyfflé aimait les sujets tels que le savetier sifflant un oiseau en cage (un jeu de mot sur son propre nom), et les choses de ce genre. Ces œuvres se situent entre 1766 et 1777, et il semble peu probable qu'aucun objet dérivé des œuvres de Cyfflé ait pu être exécuté en Staffordshire longtemps avant 1770. La figure de l'enfant en petit ramoneur (Pl. 67), modèle original de Cyfflé, se trouve parmi les modèles des Wood et est probablement l'œuvre de Voyez.

La plus belle œuvre associée au nom de Ralph Wood l'aîné est une figure équestre de *Hudibras* (Pl. 52) d'après une gravure de Hogarth, et elle peut avoir été modelée par Aaron Wood. Un groupe amusant, appelé *Le Vicaire et Moïse*, dans lequel le prêtre dort profondément en chaire, oublieux de la voix monotone de son clerc débitant ses prières à toute vitesse en-dessous de lui, se voit Pl. 66. Ce sujet, extrêmement populaire, fut répété plus tard par Enoch Wood et divers potiers. Un autre groupe, d'une qualité remarquable, est celui de la *Charité*, une femme accompagnée d'enfants, qui fut repris en plusieurs versions. Des figures d'animaux représentent des cerfs et des biches, des chèvres, des moutons et des béliers, nombre d'entre eux copiés sur les modèles sortant des fabriques de porcelaine, dont le style se reconnaît également dans certaines figures ou dans certains groupes des Wood.

Les poteries utilitaires qui peuvent être identifiées comprennent des vases décorés en vernis de couleurs, une jardinière en forme de dauphin en est un exemple. Décoratifs et utiles tout à la fois étaient les «*Toby jugs*» d'une conception proprement anglaise; un exemple dû à Whieldon est reproduit Pl. 63. Ce sont des pots à bière et, en général, ils prennent la forme d'un homme assis, bien qu'on connaisse au moins une figure féminine, Martha Gunn la «*gin woman*», qui passe pour avoir appris à nager à George III. Le fond du chapeau (quand il subsiste) est mobile et sert de tasse. Quelques spécimens portent des inscriptions «Il est vide, remplissez-le à nouveau», par exemple.

L'origine du *Toby jug* a suscité beaucoup de discussions. Les uns voudraient y voir une référence à l'oncle Toby dans *Tristram Shandy* de Sterne, publié pour la première fois en 1759; d'autres y reconnaissent une allusion au personnage d'une chanson *The Brown Jug* (Le Pot brun) qui s'appelait Toby Philpot. Cette chanson apparaît en 1761 et les gravures de Toby Philpot étaient populaires. L'origine de cette sorte d'objets est beaucoup plus ancienne. Le *rhyton*, tasse à boire de forme humaine, était un jeu d'esprit des potiers grecs du Ve siècle avant l'ère, et le fragment d'un pot médiéval anglais reproduit Pl. 8 se rattache à la même tradition.

Les premiers *Toby jugs* furent faits par Whieldon avec les vernis mouchetés caractéristiques, la Pl. 63 illustre un exemple de ce genre. L'évolution du *Toby*, néanmoins, doit beaucoup à Ralph Wood dont les œuvres furent imitées par la suite. Les mêmes moules furent utilisés par son fils pour des pots décorés en peinture à l'émail.

Il existe maintes variantes sur les modèles initiaux. Le *Veilleur de nuit*, par exemple, tient une lanterne dans sa main droite, le *Curé ivre* est un thème répété dans le groupe reproduit Pl. 70, représentant un pasteur que son clerc ramène à grand-peine à la maison. *Lord Howe* commémore la victoire sur les Français chassés d'Ushant en 1794. Des *Tobies* furent faits par de nombreux potiers du Staffordshire au cours du XVIIIe siècle et ils garderont leur popularité au XIXe siècle.

Un autre membre de la famille Wood qui fit des statuettes, est Enoch Wood de Burslem le fils de Aaron Wood, né en 1759. Il travailla quelque temps, alors qu'il était encore un enfant, pour Josiah Wedgwood et fit ensuite son apprentissage chez Palmer de Hanley. Il s'associa avec Ralph Wood junior en 1783, mais plus tard fonda l'établissement «Enoch Wood & Co» dont le titre fut bientôt changé en «Wood & Caldwell», James Caldwell ayant été introduit comme associé. La raison sociale «Enoch Wood & Sons» fut adoptée en 1818.

Enoch Wood fit preuve d'une habileté considérable en tant que modeleur dès son plus jeune âge; il exécuta à douze ans une plaque du British Museum, portant un écusson armorié et des ornements floraux. A dix-huit ans il modela une plaque à l'instar de la poterie jaspée de Wedgwood, copiée d'après la *Descente de Croix* de Rubens. Il obtint un succès local également avec un buste-portrait de John Wesley, le prédicateur itinérant. Son habileté est démontrée ici par son propre buste-portrait, Pl. 74, le seul portrait de ce genre existant d'un fabricant du XVIIIe siècle, si on excepte quelques rares médaillons de jaspe de Wedgwood.

Enoch Wood fit de nombreux figures et groupes d'excellente qualité, bien que quelques-uns soient des imitations. La statuette de l'acteur considéré comme James Quin dans le rôle de *Falstaff*, fut certainement inspirée par les modèles de Bow et de Derby. Le groupe *Saint-Georges et le dragon* est une réplique du même sujet par Ralph Wood, et son *Bacchus et Ariane* (original de Houdon) a été copié d'après Wedgwood. Le plus remarquable de tous les modèles d'Enoch Wood est peut-être la grande figure de l'*Eloquence*, quelquefois dite *Saint Paul prêchant les Athéniens*, reproduite Pl. 72.

A côté des statuettes, Enoch Wood fit toutes les catégories de poterie de fabrication courante en Staffordshire à l'époque, mais la plupart sont sans valeur artistique.

LES POTERIES DE JOSIAH WEDGWOOD

L'ŒUVRE de Josiah Wedgwood a exercé une influence profonde et très étendue, non seulement sur l'évolution de l'industrie de la poterie et de la porcelaine en Angleterre, mais aussi sur la céramique continentale. Le nom de Wedgwood est, en fait, l'un des plus influents dans l'histoire tardive de l'art céramique.

Josiah Wedgwood naquit en 1730, le plus jeune de treize enfants. Son père, Thomas Wedgwood, appartenait à une famille de potiers déjà bien connue dans le Staffordshire; Aaron, Richard et Thomas Wedgwood de Burslem sont cités comme témoins de la défense dans le procès de Dwight en 1693.

Le père de Wedgwood mourut en 1739 et, à l'âge de neuf ans, Josiah fut placé dans une fabrique appartenant à son frère Thomas. En 1751, il devint le partenaire de Joseph Harrison de Newcastle, mais cet accord se révéla peu satisfaisant; en 1754, Josiah Wedgwood s'associa avec Whieldon, comme nous l'avons déjà signalé. Cette association fut fructueuse, mais Whieldon n'était pas assez entreprenant et, en 1759, Wedgwood le quitta pour s'établir à son propre compte à la fabrique de Ivy-House à Burslem.

A Ivy-House, Wedgwood s'attacha tout d'abord au perfectionnement de la pâte que Whieldon avait employée pour ses poteries à vernis colorés. Les premiers essais sont d'une couleur crème sombre, peu agréable, mais ce défaut fut bientôt surmonté et, en 1765, Wedgwood présentait un service de faïence fine crème à la reine Charlotte qui lui donna l'autorisation d'appeler cette matière «*Queen's Ware*» (Poterie de la Reine). En 1774, la nouvelle céramique avait acquis une telle réputation que Wedgwood fut chargé d'exécuter pour la reine Catherine la Grande de Russie un service comportant 952 pièces peintes de différentes vues d'Angleterre. Cette commande causa quelque inquiétude à Wedgwood, qui craignait que la facture de son travail ne fût pas payée. Ses craintes n'étaient pas tout à fait sans fondement, car une somptueuse décoration de table commandée à Sèvres l'année suivante ne fut jamais payée entièrement. Catherine envoya une petite somme comme acompte et les ministres des Affaires Etrangères des deux pays s'efforcèrent par la suite d'obtenir le complément.

Le service de Wedgwood était destiné au palais de la Grenouillère, à Tsarkoe Selo à Saint-Pétersbourg, et chaque pièce est peinte d'une grenouille verte. Le service se trouve aujourd'hui à Leningrad mais quelques pièces sont conservées en Angleterre (Pl. 82); d'autres sont décorées sans la grenouille, parmi lesquelles un petit service à thé.

La faïence fine crème fut employée pour une très grande variété d'usages et même pour faire des carreaux destinés à revêtir les murs des salles de bains. Elle connut un rapide succès à cause de ses formes nettes et simples (Pl. 83). La décoration était volontiers imprimée par Sadler & Green de Liverpool, mais très souvent les faïences crème portent des bordures de couleurs simples telles que celles aux feuilles de lierre avec graines, à la grecque, à l'œuf, à la flèche ou au chèvrefeuille. Lorsqu'il s'agissait de peintures plus recherchées, Wedgwood confiait probablement le travail à un décorateur indépendant comme Robinson & Rhodes de Leeds. Wedgwood ouvrit également un atelier de peinture à Chelsea, où fut exécuté le service «à la grenouille» de Catherine de Russie.

Les céramiques prêtes à recevoir le décor par impression étaient transportées à Liverpool par des chevaux de bât, et ce genre de travail fut exécuté au dehors de la fabrique jusqu'aux environs de 1800.

Wedgwood fit aussi des vases de faïence fine crème décorés de «marbrures», et une certaine quantité de poterie «agate» compte parmi ses premières productions, de même que des céramiques courantes comme les grès à vernis salin qui furent bientôt abandonnés.

Pendant plusieurs années, Wedgwood travailla au perfectionnement d'un grès noir et, vers 1768, il produisit une poterie noire à grain serré assez dure pour être travaillée et polie sur le tour de lapidaire. Cette matière est dite «porcelaine noire» ou «poterie basalte». Une poterie noire connue sous le nom de «noir égyptien» avait déjà été fabriquée occasionnellement en Staffordshire avant cette date et passe pour connue des Elers. Wedgwood, toutefois, l'améliora et l'employa d'abord pour des céramiques peintes en rouge et blanc avec ce qu'il appelait une «peinture à l'encaustique», à l'imitation des vases grecs trouvés dans les tombes étrusques et, de ce fait, considérés comme italiens (Pl. 75). La même fausse interprétation lui fit donner le nom d'«Etruria» à sa nouvelle fabrique. Il s'installa dans cette fabrique, située à environ deux *miles* de Burslem, en 1768, et, la même année, contracta avec Thomas Bentley une nouvelle et fructueuse association qui dura jusqu'à la mort de ce dernier en 1780.

Bentley passait la majeure partie de son temps à Londres, et la correspondance de Wedgwood avec lui est une riche source d'informations concernant l'évolution de la manufacture.

La fabrication de grès rouge se poursuivait sous le nom de *rosso antico*, et cette matière était également employée en combinaison avec la pâte noire. Ce genre de poterie n'était pas très en faveur chez Wedgwood et ne fut pas produit en grande quantité. A partir des environs de 1770 la poterie «basalte» servit pour des bustes de grande taille d'auteurs classiques et modernes, principalement destinés à la décoration des bibliothèques, et les vases devinrent bientôt un thème habituel de la fabrication. La demande, en fait, excédait de si loin l'approvisionnement que John Coward (sculpteur sur bois qui travaillait pour les frères Adam) fut engagé pour monter les spécimens défectueux à l'aide de socles de bois noir, de couvercles ou autres compléments. Wedgwood écrivait à Bentley: «Il a réparé quelques-uns des invalides et bronzé les autres et les a vendus et il arrange de la même manière les vieilles pièces de faïence crème et les pièces dorées, et nous avons soigné, je ne dirai pas «rafistolé» pour une valeur de près de £ 100 de ce que nous considérions ici comme condamné, et dans quelques semaines je crois qu'il ne restera pas un seul récipient hors d'usage.»

Des difficultés assez sérieuses se présentèrent pour obtenir l'adhérence des décors en relief sur la surface courbe des vases et objets de même ordre, mais vers 1775 ces obstacles étaient surmontés et les guillochis et cannelures simples du début furent remplacés par des moulages plus savants. Les plaques chargées de sujets classiques en bas-relief étaient un des thèmes habituels de la fabrication, et des médaillons ovales portant les portraits de personnages notables, anciens ou modernes, se vendaient en grand nombre.

Il est difficile de dire à quel moment Wedgwood conçut pour la première fois cette idée de la poterie jaspée, qui fut sa découverte la plus originale et appelée au plus grand succès. Il s'inspira sans aucun doute du biscuit de porcelaine de Sèvres qui, peu après 1770, suscitait les imitations des fabriques anglaises de porcelaine de Chelsea et de Derby. Mais la pâte jaspée était quelque chose de tout à fait nouveau, contenant du sulfate de baryum du Derbyshire et, bien que s'apparentant dans une certaine mesure au biscuit de porcelaine, cette matière doit sûrement être classée parmi les grès non vernis. L'histoire de son développement est présentée dans les lettres de Wedgwood à Bentley à cette époque. Vers 1774, la plupart des difficultés initiales semblent avoir été surmontées et en janvier 1775 Wedgwood écrivait: «Je suis de même entièrement maître de la pâte bleue dans presque toutes ses nuances et j'ai également un magnifique vert de mer et plusieurs autres couleurs pour le fond des camées, intailles etc.»

Les premiers produits étaient colorés dans la masse, mais ce procédé fut bientôt remplacé par l'application d'un lavis de couleur superficielle, les deux variétés étant connues en tant que «*solid*» (massif) et «*dip*» (teint).

La plupart des poteries jaspées ont un fond bleu clair portant un décor en bas-relief blanc appliqué. Les variantes respectent habituellement cette disposition type, et les différences résident en général dans la couleur de fond. A côté du bleu clair et du vert de mer, Wedgwood introduisit le bleu foncé, le ton lavande, un gris-vert, la nuance lilas, le vert-olive et le jaune, bien que cette dernière couleur soit extrêmement rare. En outre, on trouve parfois une poterie jaspée noire qu'il faut soigneusement distinguer des poteries noires «basalte», et un noir bleuté intense a été employé par Wedgwood pour ses copies du vase de Portland. Bien que la combinaison de deux couleurs soit la plus fréquente, il existe des spécimens à trois couleurs ou davantage. Le «jaspe» n'est jamais recouvert de vernis, mais vers 1780 un lustre cireux fut appliqué à quelques pièces. Ces dernières sont particulièrement rares. La plupart des poteries jaspées ont un léger brillant dû surtout au polissage du grès à grain très fin; pour les spécimens les plus remarquables, il était d'usage de faire dégager les bas-reliefs par des lapidaires. Sur les exemplaires tardifs, les reliefs tendent à devenir plus plats.

La poterie jaspée fut d'abord employée pour des camées «avec des figures et des têtes faites de notre fine pâte blanche» aussi bien que pour des cachets et autres objets semblables. Les plaques de plus grandes dimensions apparaissent probablement vers avril 1775 et des bougeoirs sont cités dans une lettre de cette date. Mais, au début, l'exécution de ces pièces importantes causa beaucoup de souci et l'application des reliefs sur une surface courbe, imposée par la fabrication des vases, ne devint possible qu'après 1780. On ignore la date exacte à laquelle furent produits les premiers vases de jaspe, ce ne dut être que vers 1785. A partir de cette date, néanmoins, ils sortirent en grande quantité ainsi que des services à thé ornementaux et autres pièces de forme.

Le plus important ouvrage de poterie jaspée réalisé par Wedgwood est sa copie du «vase de Portland» (Pl. 53), qui lui fut prêté à cet effet par le duc de Portland. Le travail dura environ quatre ans, de

1786 à 1790, et la copie fut déclarée exacte par Joshua Reynolds P.R.A. lui-même. Un autre vase, que Wedgwood prisait beaucoup, est décoré d'un sujet parfois désigné comme l'*Apothéose d'Homère* (Pl. 54). Relativement peu de figures en ronde-bosse furent exécutées en basalte ou en jaspe, bien que le remarquable portrait de Voltaire en poterie chamoisée (*cane-ware*), reproduit Pl. 80, ait été répété également en basalte. La plupart des figures sont appliquées sur des vases ou autres objets, ou supportent des candélabres. La mode des statuettes en tant que décoration de table commençait à passer; la plupart de celles de jaspe connues sont en blanc, montées sur un piédestal de jaspe de couleur.

La majeure partie de la production était consacrée aux plaques, médaillons et camées. Les plus grandes plaques, tant en basalte qu'en poterie jaspée, servaient comme décor incrusté pour les cheminées et les meubles divers. On en trouve, occasionnellement, dans le mobilier français de la fin de la période Louis XVI, remplaçant les plaques de porcelaine de Sèvres jusque-là exclusives. Parmi les meubles ornés de la sorte apparaissent des cabinets et des commodes de toutes variétés et même le grand piano dont la vogue commençait.

Les médaillons-portraits ovales (Pl. 78) étaient des objets à la mode. Ils comprennent des effigies excellentes de personnages notables tels que George III et la reine Charlotte; les amiraux Nelson, Keppel et Howe; des écrivains tels que Chaucer et Shakespeare; des acteurs comme Garrick; des hommes de science comme Sir Isaac Newton, Linnée et autres. Nombre de sujets spéciaux furent faits pour la clientèle du Continent; une fourniture de ce genre, pour Léopold II, Saint Empereur Romain de 1790 à 1792, est facturée en 1790. Léopold à cette date était l'allié de l'Angleterre.

Dans la série des médaillons classiques, se trouvent des portraits de figures illustres d'Asie, d'Egypte et de Grèce. Des hommes d'Etat, des philosophes, des poètes et des empereurs comptent parmi les personnages représentés. Les effigies d'empereurs furent exécutées en une série de cinquante-deux pièces, de Nerva à Constantin, et elles furent suivies par celles des papes, des rois et des reines d'Angleterre et des rois de France.

Parmi les modeleurs employés par Wedgwood pour cette catégorie d'œuvres, il faut signaler des artistes aussi célèbres que John Flaxman R.A. Ce dernier était le fils d'un mouleur qui avait déjà procuré à Wedgwood des moulages d'antiques, et Flaxman le jeune, représentant notable du néo-classicisme, fit beaucoup de bas-reliefs de ce genre, dont l'*Apothéose d'Homère* déjà citée. En 1787, Flaxman se rendit à Rome d'où il continua à correspondre avec Wedgwood. William Hackwood fut le principal modeleur de 1769 à 1830 et exécuta nombre d'œuvres dans le style néo-classique ainsi que des portraits en bas-relief. Wedgwood lui permit de signer quelques-unes de ses œuvres, privilège très rare. James Tassie, dont les portraits de cire en relief sont bien connus, fournit aussi des modèles à Wedgwood, et le sculpteur John Bacon R.A. envoyait des modèles à l'Etruria. Il semble que dessiner pour Wedgwood ait été une occupation de bon ton. Lady Templewood et Lady Diana Beauclerk, l'une et l'autre, étaient heureuses de faire des travaux de cette sorte. George Stubbs, le peintre animalier renommé, non seulement exécuta un grand portrait de famille peint à l'huile, mais il modela la *Chute de Phaéton* et quelques reliefs de chevaux.

Le succès des diverses céramiques ornementales ou d'usage de Wedgwood fut tel qu'il eut de nombreux imitateurs en Staffordshire à l'époque. Humphrey Palmer, qui employa Voyez, fut le premier d'entre eux, mais Adam de Greengates le suivit bientôt, dont le jaspe bleu est particulièrement beau. John Turner fit aussi une excellente poterie jaspée. Il y eut encore des imitateurs dont l'œuvre est de qualité beaucoup plus médiocre, et qui ne se faisaient pas scrupule d'employer sur leurs céramiques des marques contestables. La marque «Wedgwood & Co.» apparaît sur des poteries faites à Ferrybridge en Yorkshire, par une fabrique en rapport avec Ralph Wedgwood, autre membre de la famille, mais «Wedgewood», avec un «e» supplémentaire, est la marque de William Smith & Co. de Stockton-on-Tees, contre lesquels Wedgwood obtint une mise en demeure interdisant l'usage du nom ou de toute variante susceptible d'induire en erreur.

Les copies faites sur le Continent sont nombreuses également, bien que la plupart des reproductions modernes soient sans marques. L'influence de Wedgwood sur la céramique continentale ne saurait être sous-estimée. En 1763, la Manufacture Royale de Meissen se trouvait en réorganisation après que la guerre de Sept Ans eut éclaté, et le style néo-classique se répandait. Peu favorable à la porcelaine, mais, dans bien des cas, convenant parfaitement à la faïence fine crème de Wedgwood, le néo-classicisme éclipsa le style rococo. Un commerce d'exportation étendu se développa presque d'un jour à l'autre et s'introduisit largement sur les marchés jusque-là fournis par Meissen. L'industrie de la faïence déclina progressivement, à tel point qu'en 1800, il ne restait plus que deux fabriques à Delft et les manufactures françaises qui subsistaient se consacrèrent à la faïence fine à la mode anglaise. Même les fabriques de la Suède se mirent à imiter cette nouvelle matière.

Les fabriques de porcelaine se trouvèrent aussi gravement atteintes. Avant la fin du siècle, Meissen copiait la poterie jaspée de Wedgwood sous le nom de *Wedgwood-Arbeit*, et la Manufacture Royale de Sèvres employait le biscuit de porcelaine dans le même but. Des ouvriers vinrent du Continent en Staffordshire spécialement dans l'espoir de dérober les secrets de Wedgwood. Louis-Victor Gerverot arriva en Angleterre et prit un emploi chez Wedgwood en 1786, après être passé à Fulda, à Ludwigsburg, à Frankenthal, à Weesp, à Schrezheim et à Loosdrecht. En 1795, il accepta la direction de la fabrique de porcelaine de Fürstenberg, il n'est donc pas très surprenant que l'influence de Wedgwood soit perceptible dans les céramiques faites en ce lieu à la fin du siècle.

Le duc Charles-Eugène, propriétaire de la fabrique de Ludwigsburg, rendit visite à Wedgwood en 1776 et, sans aucun doute, s'en inspira, car, la même année, la fabrication de la faïence fine crème commençait à Ludwigsburg. Les céramiques de Wedgwood furent également copiées en Thuringe au XVIIIe siècle, principalement à Ilmenau, où Goethe participait à l'entreprise en tant que *Geheimrat* du duc Charles-Auguste de Weimar et où on fit en particulier des médaillons-portraits.

Il serait fastidieux d'énumérer toutes les copies de Wedgwood faites en Europe au cours du XVIIIe siècle, mais, en fait, il se produisit un brutal renversement de la situation existant auparavant au XVIIe siècle et pendant la première décade du XVIIIe siècle, où les céramiques d'Extrême-Orient et celles du Continent étaient abondamment copiées en Angleterre.

On permettra à la famille qui, de nos jours, maintient en activité la fabrique universellement réputée, de concevoir plus de fierté que de coutume de la réussite de son ancêtre, car le succès de celui-ci fut atteint sans l'aide de subventions de l'Etat ou de protecteurs aristocratiques. Ce fut, en Europe, l'une des rares grandes et fructueuses entreprises de ce genre capable de se maintenir sur une base commerciale. Le développement du Staffordshire, comme l'un des plus importants centres de production de poterie et de porcelaine du monde moderne, est en grande mesure dû à l'œuvre de Josiah Wedgwood.

47. CAFETIÈRE. POTERIE AGATE. STAFFORDSHIRE. VERS 1740

H. 26,5 cm. Syndics du Fitzwilliam Museum, Cambridge

Cette cafetière, extrêmement délicate, est faite d'une solide «poterie agate». Elle est très proche d'une cafetière d'argent des environs de 1700, sa forme à pans coupés et la disposition de sa base lui donnant une silhouette mieux appropriée au travail du ciseau et du marteau qu'à aucun des procédés de modelage communément en usage chez les potiers. Bien qu'elle soit désignée ici comme «cafetière», il pourrait aussi bien s'agir d'une théière, car quelques-unes des premières théières d'argent affectaient cette forme. L'aspect de la surface montre bien le résultat du mélange de plusieurs plaques d'argile de couleurs différentes malaxées ensemble. On trouve des cafetières assez semblables, issues de modèles d'argenterie, dans les premières porcelaines de Derby, mais ici la forme octogonale a été abandonnée en faveur de celle en cône tronqué, également précoce et en général accompagnée d'un couvercle conique.

48. MUSICIENS. POTERIE D'ASTBURY-WHIELDON STAFFORDSHIRE. VERS 1740

H. moyenne 15 cm. Galerie d'Art et Musée de Brighton (Collection Willett), Brighton, Sussex

Les musiciens jouent de divers instruments, la corne étant probablement un cor de chasse. Les premières statuettes d'Astbury étaient décorées à l'aide d'argiles de couleurs sous un vernis clair, mais cette technique sera peu à peu remplacée par l'usage de vernis colorés dans le style de Whieldon. Les figures qui empruntent aux deux techniques à la fois, à celle d'Astbury et à celle de Whieldon, comme dans le cas présent, sont désignées sous le titre «Astbury-Whieldon». Des musiciens de toutes sortes ont été souvent représentés dans cette catégorie de poteries, certains d'entre eux sont des nègres. Les exemples conservés en sont aujourd'hui très rares.

49. GROUPE ÉQUESTRE. POTERIE DE WHIELDON
STAFFORDSHIRE. VERS 1745

H. 21 cm. Galerie d'Art et Musée de Brighton (Collection Willett), Brighton, Sussex

Ce groupe d'un cavalier avec une jeune fille en croupe est, à sa façon, aussi remarquable quant à sa plastique que tout autre sorti du Staffordshire à la même époque. Il est d'un sentiment proprement anglais, sans équivalents connus sur le Continent. Des modèles de ce genre sont aujourd'hui extrêmement rares.

50. DRAGONS. POTERIE DE WHIELDON. STAFFORDSHIRE VERS 1745

H. 26 cm. Galerie d'Art et Musée de Brighton (Collection Willett), Brighton, Sussex

Les dragons montent des étalons. Le corps de la poterie est léger et de couleur crème, et les figures sont recouvertes de vernis de couleurs. Le monogramme GR apparaît sur les fontes. Ces figures sont quelquefois appelées des hussards, mais ce dernier type de cavalerie légère ne fut pas créé avant le début du XIXe siècle. D'après les fusils que portent dans la main droite les cavaliers ici reproduits, ce sont certainement des dragons, corps de cavalerie entraîné à combattre à pied. Ils doivent leur nom au fait que le canon de leur fusil était parfois orné d'une tête de dragon.

51. SALADIER. POTERIE DE WHIELDON. STAFFORDSHIRE VERS 1755

D. 24,2 cm. Syndics du Fitzwilliam Museum, Cambridge

Ce saladier, modelé avec une finesse remarquable, est un exemple des meilleures oeuvres de Whieldon. Par son style, il montre une affinité avec certaines des poteries attribuées à l'association de Whieldon et de Josiah Wedgwood, qui se réalisa vers cette époque ou un peu plus tard. Les vernis de couleurs sont caractéristiques du genre dit «écaille» (*tortoise-shell*) et ont été particulièrement bien traités. Les reliefs rococo sont des réminiscences de l'argenterie contemporaine qui, sans aucun doute, a inspiré ce saladier.

52. HUDIBRAS. RALPH WOOD. STAFFORDSHIRE. VERS 1765

H. 30 cm. Victoria & Albert Museum (Don W. Sanders Fiske, Esq.), Londres

Cette figure d'Hudibras monté sur une vieille rossinante est une des plus belles oeuvres de la céramique anglaise. Le caractère et la qualité artistique de ce modèle sont également remarquables et frappants. Aaron Wood passe pour en être l'auteur. *Hudibras*, écrit par Samuel Butler comme une satire contre les Puritains, fut publié en trois parties, en 1663, 1664 et 1668. Le Hudibras original aurait été, croit-on, Sir Samuel Luke, juge de paix puritain, et le poème amusa tout particulièrement Charles II. La citation suivante se rapporte directement à la figure reproduite:

> «La lame tranchante, loyale Tolède,
> Faute de combattre s'était rouillée,
> Et se rongeait elle-même, à défaut
> De quelque corps à pourfendre et à tailler.»

Une figure debout, dans une pose par ailleurs similaire, représente l'amiral hollandais, van Tromp, tirant son épée.

53. LE «VASE DE PORTLAND». POTERIE JASPÉE. WEDGWOOD 1786–1790

H. 25 cm. Collection Sir John Wedgwood, Leith Hill Place, Surrey

L'original, le «Vase de Portland» ou «Vase Barberini», est un camée de verre. Il passe pour avoir contenu les cendres d'Alexandre Sévère, et fut probablement fait à Alexandrie vers 50 avant l'ère. Son histoire ensuite est obscure, mais, au milieu du XVIIe siècle, il appartenait à la famille Barberini. Le vase fut acquis en 1770 par Sir William Hamilton, ambassadeur anglais à Naples, et celui-ci le vendit à la duchesse de Portland. Il est maintenant au British Museum. En 1786, le vase fut prêté par le duc de Portland à Josiah Wedgwood pour être copié en poterie jaspée. La copie, terminée en 1790, fut déclarée exacte dans le moindre détail par Sir Joshua Reynolds, Président de l'Académie Royale. Environ 29 copies semblent avoir été faites à cette époque, bien que des figures légèrement différentes soient parfois mentionnées. Les circonstances de 16 de ces reproductions sont connues. Il y eut plusieurs reproductions postérieures, toutes en petit nombre, et qui, toutes, en quelque manière, diffèrent de la version originale.

54. VASE. POTERIE JASPÉE. WEDGWOOD. 1786

H. 46,5 cm. British Museum, Londres

Wedgwood a dénommé le sujet de ce vase *l'Apothéose d'Homère*. Il s'agit plutôt du couronnement d'un joueur de cithare. Le bouton du couvercle figure Pégase sur un nuage, et des masques de Gorgone ornent la base des poignées. Le décor en bas-relief est de Flaxman. Le 14 juin 1786, Wedgwood écrivait à sir William Hamilton: «Je suis désolé de n'avoir pas pu obtenir du marchand la liberté d'envoyer le vase, le plus beau et le plus parfait que j'aie jamais fait, et que, depuis, j'ai offert au British Museum. J'en joins, ci-inclus, un croquis sommaire. Il mesure 18 *inches* de haut et son prix est de 20 guinées. Mr. Chas. Greville l'a vu, et souhaitait qu'il fût dans le Cabinet de Sa Majesté à Naples.»

55. VASE. POTERIE JASPÉE. WEDGWOOD. FIN DU XVIIIe SIÈCLE

H. 32,5 cm. Victoria & Albert Museum, Londres

Le vase est en poterie jaspée lilas. Cette couleur a été très rarement employée au XVIIIe siècle et sera abandonnée par la suite. Elle était difficile à obtenir, et les spécimens ont tendance à présenter des variantes de ton. Son usage a été récemment repris (1960). La pièce reproduite est décorée de figures de divinités en bas-reliefs blancs, et des trophées de musique en ornent le col.

56. THÉIÈRE. POTERIE D'ASTBURY. STAFFORDSHIRE. VERS 1740

H. 15,5 cm. Victoria & Albert Museum (Collection Schreiber), Londres

Cette théière est à vernis brun sur un corps de terre rouge. Les reliefs ont été estampés et découpés dans une terre crème, puis appliqués sous vernis. Ils représentent le lion et la licorne, figures qui soutiennent les Armes Royales, et le médaillon central porte l'inscription: «Honi soit qui mal y pense». C'est un excellent exemple d'une catégorie rare de céramiques.

57. POT EN FORME D'OURS. POTERIE POLYCHROME STAFFORDSHIRE. VERS 1745

H. 33 cm. Galerie d'Art et Musée de Brighton (Collection Willett), Brighton, Sussex

Ce pot, simulant un ours qui serre un chien entre ses pattes, illustre le sport de l'attaque de l'ours (*bearbaiting*). La tête est mobile et sert de tasse. La poterie est de couleur foncée et la poignée plate, en lanière, est chargée de chaque côté d'un motif en forme de feuille comme appui-pouce. Les couleurs sont le vert et le manganèse, avec le jaune pour le collier et la muselière. On trouve le même sujet en grès au sel et en grès brun de Nottingham. Faire attaquer l'ours par les chiens était un sport populaire au cours du XVIIIe siècle, et il a survécu dans le Midland jusqu'en 1835. Catherine Dudley, de Stoke Lane en Staffordshire, conserva un ours à louer dans ce but jusqu'en 1830. L'attaque du taureau, presqu'aussi populaire, est également représentée, tant en poterie qu'en porcelaine, à une date légèrement postérieure.

58. GROUPE A L'ARBRE. POTERIE DE WHIELDON
STAFFORDSHIRE. VERS 1745

H. 18 cm. Galerie d'Art et Musée de Brighton (Collection Willett), Brighton, Sussex

Des amoureux dans un arbre, groupe coloré à l'aide de vernis verts, jaune-brun, manganèse et gris. Le dessus et le revers de l'arbre sont décorés sous vernis d'un réseau d'ornements semblables à ceux qu'on peut voir sur certaines pièces de services en grès au sel. Les figures et la décoration appliquée ont été modelées à la main. De tels groupes sont excessivement rares.

59. LE DUC DE CUMBERLAND. POTERIE DE WHIELDON
STAFFORDSHIRE. VERS 1750

H. 18 cm. Galerie d'Art et Musée de Brighton (Collection Willett), Brighton, Sussex

Ce remarquable portrait en buste de William August, duc de Cumberland et vainqueur de Culloden, est mieux connu d'après un buste semblable en porcelaine de Chelsea, de la période de l'ancre rouge. Le duc de Cumberland fut probablement le protecteur de cette dernière fabrique. L'exemplaire reproduit a une perruque grise, le vêtement est brun et le visage recouvert d'un vernis transparent sur un fond de terre crème. Les yeux et les joues sont rehaussés de manganèse. Le socle est coloré à l'aide de vernis gris et manganèse.

60. HOMME ASSIS SUR UN BUFFLE. POTERIE DE WHIELDON
STAFFORDSHIRE. VERS 1750

H. 17 cm. Victoria & Albert Museum (Collection Schreiber), Londres

Groupe moulé d'après un original chinois et décoré à l'aide de vernis «écaille», la figure humaine noire. Ces figures au vernis noir sont très rares, mais le vernis noir est analogue à celui employé sur des vaisselles de service, qui est parfois attribué à tort à Jackfield. La question est étudiée page 118.

61. POT A CRÈME. POTERIE DE WHIELDON. STAFFORDSHIRE VERS 1750

H. 16,5 cm. Victoria & Albert Museum (Legs Arthur Hurst), Londres

Ce pot à crème, ou pot à lait couvert, est décoré à l'aide de vernis gris, brun, jaune, entremêlés. Le ton dominant est le brun, et la pièce porte en outre un décor en relief de feuillages et de fleurs. C'est un exemple typique des vernis dits «écaille», associés au nom de Thomas Whieldon, au milieu du siècle. Le corps de la poterie est de couleur claire.

62. THÉIÈRE. POTERIE DE WHIELDON. STAFFORDSHIRE VERS 1755

H. 15,5 cm. Victoria & Albert Museum (Collection Arthur James), Londres

Cette théière prouve le degré d'habileté atteint par les potiers du Staffordshire, peu après le milieu du siècle, dans le maniement de leurs matières premières. Elle est à double parois, la paroi extérieure étant ajourée suivant un modèle floral. La paroi intérieure porte un vernis brun clair, celle de l'extérieur est colorée par des vernis vert, jaune et gris. La technique est lointainement dérivée de porcelaines et de grès Ming tardifs, décorés de cette manière et dits en Chine «œuvre du diable» par allusion à l'habileté presque surhumaine que ce travail passait pour exiger.

63. CRUCHE EN FORME DE PERSONNAGE
POTERIE DE WHIELDON. STAFFORDSHIRE. VERS 1760

H. 25 cm. Galerie d'Art et Musée de Brighton (Collection Willett), Brighton, Sussex

Ce pot, dit «l'homme maigre», est caractéristique de tout le groupe étudié page 121. Il est typiquement anglais par sa forme, et se rattache au col de pichet en poterie médiévale reproduit Pl. 8. Ce spécimen est décoré à l'aide de vernis verts et manganèse, le visage et les mains recouverts de vernis clair sur un fond de terre couleur chamois.

64. CHASSEUR. POTERIE DE WHIELDON. STAFFORDSHIRE
VERS 1760

H. 20,5 cm. Victoria & Albert Museum (Legs Wallace Elliot), Londres

Un chasseur et son chien, groupe décoré de vernis vert, brun et gris entremêlés, sur un corps de poterie de couleur crème. Le modelé est naïf et amusant. La base est assez proche de celle des dragons reproduits Pl. 50, mais la manière rapide indique un laps de temps considérable entre les deux modèles.

65. RENARD. POTERIE DE WHIELDON. STAFFORDSHIRE
VERS 1765

H. 9 cm. Syndics du Fitzwilliam Museum, Cambridge

Ce modèle bien observé d'un renard assis est décoré de vernis vert, bleu, manganèse et jaune dans une technique qui fait supposer une œuvre tardive de Whieldon plutôt que celle de Ralph Wood. La fourrure est indiquée par des traits incisés.

66. LE VICAIRE ET MOÏSE. RALPH WOOD. STAFFORDSHIRE VERS 1770

H. 25 cm. Galerie d'Art et Musée de Brighton (Collection Willett), Brighton, Sussex

La poterie est une terre crème. La décoration est exécutée en vernis de couleurs. Les boiseries simulées sont brun de manganèse, Moïse porte un vêtement gris et a les cheveux châtain clair, tandis que le personnage du vicaire est recouvert d'un vernis transparent. Les mots « *The Vicar and Moses* » sont inscrits en lettres capitales sur la face antérieure du pupitre. Moïse marmonne dévotement les prières tandis que le vicaire, au-dessus de lui, s'est abandonné au sommeil.

VICAR
AND

67. LE PETIT RAMONEUR. RALPH WOOD. STAFFORDSHIRE
VERS 1770

H. 27,5 cm. Victoria & Albert Museum (Don W. Sanders Fiske, Esq.), Londres

Le décor est en vernis de couleurs. Le chapeau est noir, la jaquette est brun-grisâtre, la culotte verte. La base est verte, et la figure porte des souliers noirs. Ce sujet a été modelé par Jean Voyez d'après un modèle de Cyfflé de Lunéville.

68. LA CHARITÉ ROMAINE. RALPH WOOD. STAFFORDSHIRE VERS 1770

H. 19 cm. Victoria & Albert Museum (Don W. Sanders Fiske, Esq.), Londres

Une femme, accompagnée de deux enfants, donne une tasse d'eau à un vieillard. Le sujet était populaire en Staffordshire au cours du XVIIIe siècle, et un groupe remarquable, d'après le tableau de Rubens, a été modelé à Chelsea par Joseph Willems. Le groupe reproduit ici présente des différences importantes; il est décoré de vernis vert, jaune, gris et bleu, sur une base grise. Il porte, imprimés, les mots «*Roman Charity*».

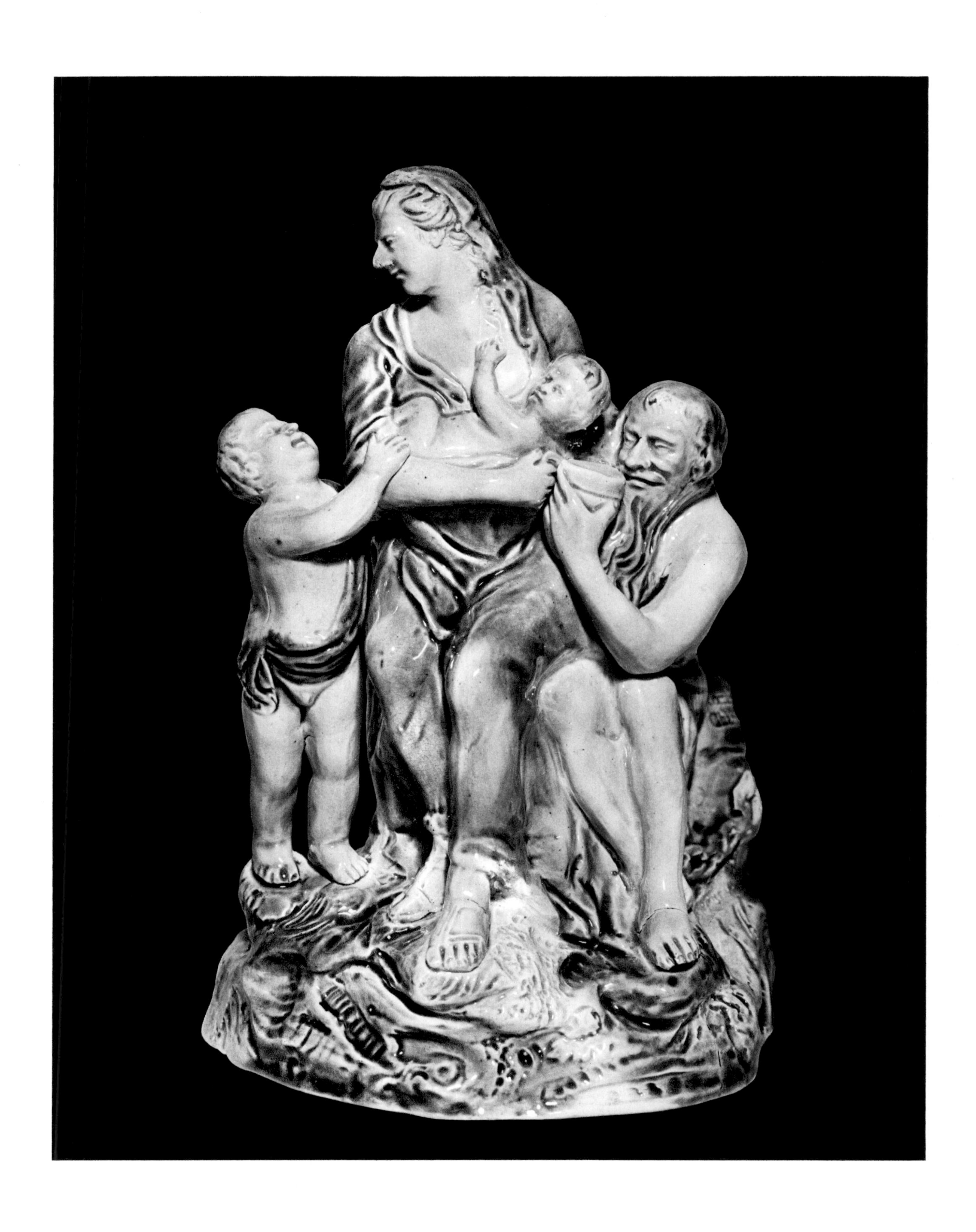

69. VIEILLARD. RALPH WOOD. STAFFORDSHIRE. VERS 1770

H. 23 cm. Victoria & Albert Museum (Don W. Sanders Fiske, Esq.), Londres

Il porte un chapeau noir, un manteau gris, un gilet jaune, une culotte verte et des souliers noirs. Cette statuette est moulée en terre d'un ton pâle recouverte de vernis colorés. C'est le style caractéristique de Ralph Wood.

70. LE CURÉ IVRE. RALPH WOOD JR. STAFFORDSHIRE. VERS 1775

H. 26 cm. Galerie d'Art et Musée de Brighton (Collection Willett), Brighton, Sussex

Le groupe est parfois dit «Le Vicaire et Moïse» mais il vaut mieux réserver ce titre pour celui reproduit Pl. 66, qui est ainsi dénommé à la fabrique. Le curé porte un manteau et une culotte noirs, et son gilet est rayé de chevrons noirs. Moïse a un pardessus puce, tandis que le socle est rehaussé de vert et de brun avec des rinceaux soulignés en bleu et en ton puce. Moïse, une lanterne à la main, soutient le curé sur son capricieux retour à la maison à travers les rues mal éclairées.

71. POT. RALPH WOOD. STAFFORDSHIRE. VERS 1788

H. 20 cm. Galerie d'Art et Musée de Brighton (Collection Willett), Brighton, Sussex

Ce pot est un exemple de la série bien connue des pots dits «La Belle Hébé» (*Fair Hebe*), d'après les mots qui apparaissent sur la pancarte au-dessus des deux figures. Quelques-uns de ces objets sont signés par Voyez et datés de 1788. Le pot reproduit ici est moulé en terre de ton clair et décoré en vernis de couleurs, vert, bleu et manganèse dominants. Le jeune homme offre à sa compagne un nid rempli d'œufs.

72. L'ELOQUENCE. ENOCH WOOD. STAFFORDSHIRE. VERS 1790

H. 46,5 cm. Victoria & Albert Museum (Collection Schreiber), Londres

La figure porte un manteau pourpre doublé de jaune. L'encolure de son vêtement est brun clair et chargée de broderies simulées en brun foncé. La colonne est de la couleur de la pierre et sa base noire. L'*Eloquence* est quelquefois dite *Saint Paul prêchant les Athéniens*, mais le premier titre est le plus vraisemblable. Sur la face antérieure du piédestal, se voit un bas-relief qui représente Hermès, le messager des dieux, volant à travers des nuages, tandis qu'au-dessous Démosthène harangue les vagues. Le modèle s'inspire peut-être d'une statue du sculpteur Sir Henry Cheere.

73. MÈRE ET ENFANT. ENOCH WOOD. STAFFORDSHIRE. VERS 1790

H. 24,5 cm. Victoria & Albert Museum, Londres

Ce groupe reproduit une terre cuite conservée au British Museum. Le modelé est meilleur que dans la plupart des figures de même origine et peut être comparé à celui de la figure de la Pl. 72. Les chairs sont de ton naturel, et la femme porte une robe puce avec des manches jaunes. La jupe blanche est semée de points verts tandis que les fleurs, assez conventionnelles, sont polychromes. La mère est assise sur un tabouret à pieds rouge-orangé, dont la garniture est noire avec une frange jaune. La base est marbrée noir et blanc.

74. ENOCH WOOD. STAFFORDSHIRE. 1821

Grandeur nature. British Museum, Londres

Ce buste est un auto-portrait et fut exécuté en 1821, alors qu'Enoch Wood avait 62 ans. C'est un des rares portraits existants de potiers du XVIIIe siècle, et il témoigne de la propre science du maître en tant que modeleur. Le buste en question est d'un intérêt documentaire considérable. Il porte au revers une inscription longue et détaillée rapportant les circonstances de la famille Wood. Par exemple, en travers des épaules, on peut lire: «Mon père Aaron Wood mourut le 12 mai 1785 à l'âge de 68 ans, il est enterré à Burslem... Il fit des moules pour tous les potiers au temps où le grès au sel était d'un usage général. 28 avril 1821.» Une amusante addition proteste contre la forte augmentation des taxes et enregistre un montant de £ 360, payé par Enoch Wood & Co. Rares aujourd'hui sont ceux qui ne compatiront pas.

75. VASE. POTERIE BASALTE DE WEDGWOOD. 1769

H. 25,5 cm. Collection Sir John Wedgwood, Leith Hill Place, Surrey

Ce vase en poterie noire est décoré avec une peinture de rouge de fer, dite peinture à l'encaustique, à l'imitation des vases grecs à figures rouges. Les détails sont indiqués en noir et l'inscription sur la base se lit: «Artes Etruriae renascuntur».
Au revers se trouve la date

June XIII M.D.CC. LXIX

et l'inscription:

Un des produits du premier jour
à
Etruria en Staffordshire
par
Wedgwood & Bentley.

76. VASE. POTERIE BASALTE. WEDGWOOD & BENTLEY VERS 1770

H. 44,5 cm. Collection Sir John Wedgwood, Leith Hill Place, Surrey

Ce vase est un spécimen précoce, et il est de la plus belle qualité. La bordure d'ornements à la partie supérieure est une grecque, tandis que la base est décorée de feuilles d'acanthe en relief. Les poignées en têtes de lion sont modelées avec précision et, trés certainement, inspirées par des œuvres de métal. Le modelé de la draperie flottante ne laisse non plus rien à désirer. Ce vase porte sous la base la marque circulaire imprimée de Wedgwood & Bentley.

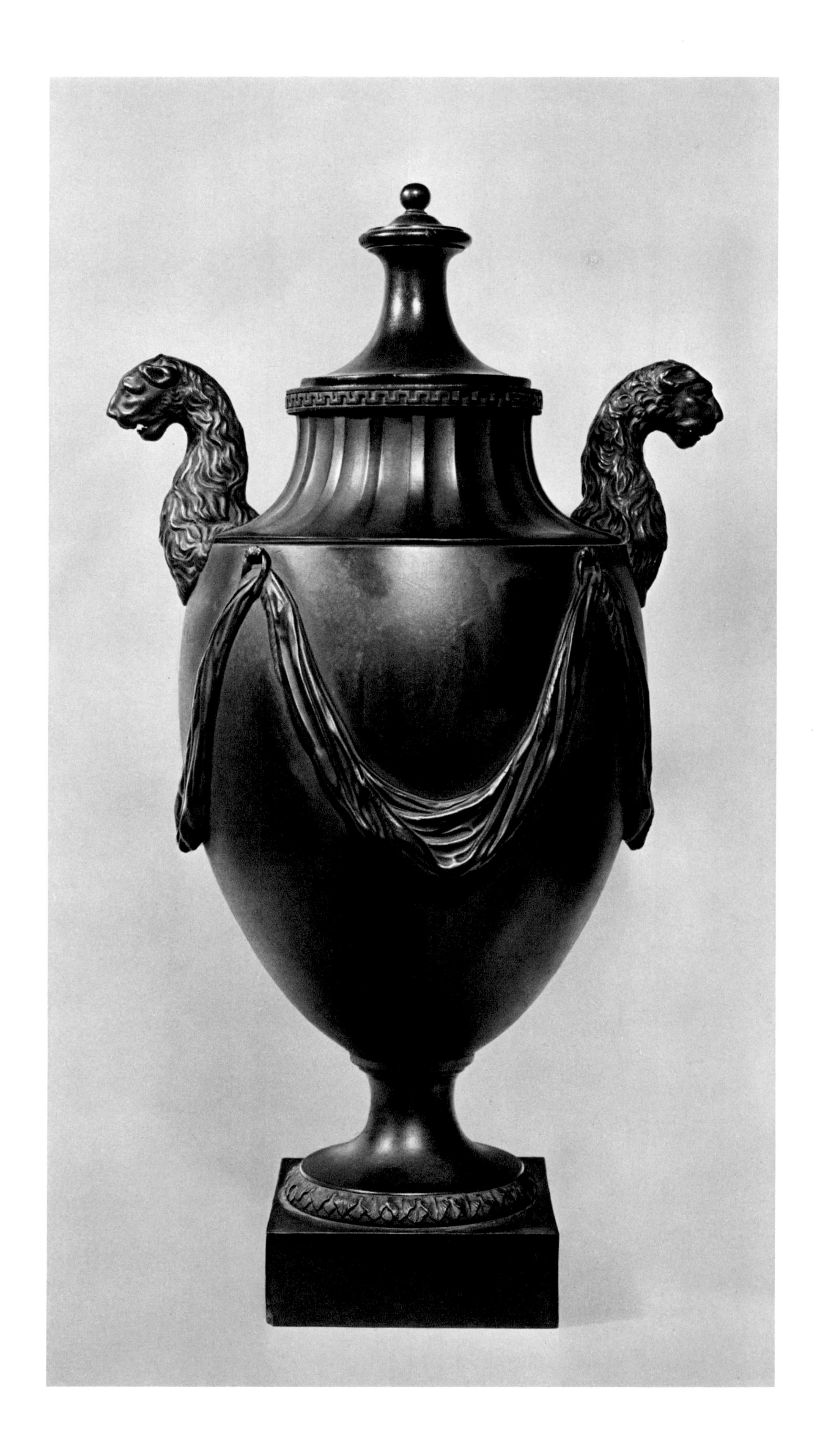

77. AIGUIÈRE. WEDGWOOD & BENTLEY. VERS 1770

H. 30,5 cm. Collection Sir John Wedgwood, Leith Hill Place, Surrey

Cette aiguière inspirée par un modèle classique a une anse en forme de serpent mordant, et les masques grotesques, sous le bec et sous l'attache de l'anse, conservent des restes de dorure à l'huile. Le vernis imite le porphyre et, bien que ne se conformant pas entièrement au principe d'excellence admis dans l'art céramique, la pièce est une remarquable réussite technique. C'est aussi un exemple du style néo-classique que les frères Adam, à cette époque, commençaient à rendre populaire.

78. MÉDAILLONS-PORTRAITS. POTERIE JASPÉE DE WEDGWOOD
DERNIER QUART DU XVIIIe SIÈCLE

Collection Sir John Wedgwood, Leith Hill Place, Surrey

En haut: L'amiral Hood. Fond de jaspe bleu-moyen, cadre de métal doré. H. 9 cm.
Au milieu: George III et la reine Charlotte. Fond de jaspe bleu pâle, cadres de métal doré. H. 8,5 cm.
En bas: Marie-Antoinette de France. Fond de jaspe bleu foncé, cadre de métal bruni. H. 7 cm.

Ces médaillons sont typiques des médaillons-portraits qui étaient très répandus au XVIIIe siècle. Des œuvres analogues ont été exécutées en poterie basalte et même, à l'occasion, en faïence fine crème (*creamware*) et en poterie de couleur chamois (*cane-ware*).

L. HOOD

79. MARC-ANTOINE. POTERIE JASPÉE DE WEDGWOOD
FIN DU XVIIIe SIÈCLE

H. 17 cm. Victoria & Albert Museum (Collection Schreiber), Londres

La figure, qui a été un moment considérée comme une allégorie de la Terreur, porte une tunique à épaulières en masques de lion. De jaspe blanc sur un socle noir, ce buste est une œuvre remarquable d'un modelé expressif.

80. VOLTAIRE. POTERIE CHAMOIS DE WEDGWOOD. VERS 1777

H. 32 cm. British Museum, Londres

Ce modèle fut d'abord établi en 1777 en «basalte» et la plupart des exemples conservés sont faits de cette matière. Quelques-uns, avec une figure de Rousseau en pendant, furent exécutés en poterie de couleur chamois (*cane-ware*) mais, malgré sa supériorité, cette poterie était sujette à se décolorer pendant la cuisson. On sait que Jean-François Marie Arouet de Voltaire ne posait pas volontiers pour son portrait. Deux bustes avaient été faits antérieurement à Sèvres, le premier dû à un sculpteur sur ivoire, Dupont Rosset, et le second par Jacques Caffieri. Voltaire passa trois années en Angleterre, à partir de 1726, pendant lesquelles il devint l'ami de Bolingbroke.

81. THÉIÈRE. FAÏENCE FINE CRÈME DE WEDGWOOD
VERS 1760

H. 12 cm. Collection Sir John Wedgwood, Leith Hill Place, Surrey

Cette théière en faïence fine crème est l'un des premiers exemples de l'emploi de la matière appelée par la suite à se répandre dans toute l'Europe. Le fond est moulé en manière de vannerie et surmonté d'un treillis ajouré. Les fruits en relief et les feuilles sont décorés de vernis vert, gris, manganèse et brun, dont l'emploi est dû aux rapports de Wedgwood avec Whieldon. Le bec porte un motif rococo répété sur le couvercle. Le vernis est très finement craquelé, conséquence d'une légère différence dans le taux de retrait du corps de poterie et de la couverte au moment du refroidissement.

82. ASSIETTE. FAÏENCE FINE CRÈME DE WEDGWOOD
VERS 1773

D. 24,5 cm. Collection Sir John Wedgwood, Leith Hill Place, Surrey

Cette assiette décorée d'un paysage d'Angleterre provient du service fait pour la Grande Catherine de Russie, étudié page 123. La grenouille verte indique qu'il était destiné au palais de la Grenouillère à Tsarkoe Selo.

83. TERRINE. FAÏENCE FINE CRÈME DE WEDGWOOD. VERS 1780

H. 24,5 cm. L. 37 cm. Victoria & Albert Museum
(Don du Commander J. A. L. Drummond, provenant de la collection Lily Antrobus), Londres

Cette terrine de forme lobée a des poignées en torsades, et son bouton simule un fruit. La louche qui l'accompagne reproduit un modèle d'argenterie. L'ensemble est d'une qualité qui égale pleinement celle des œuvres sortant des fabriques de porcelaine contemporaines. La forme comporte quelques éléments rococo. Le succès universel de la nouvelle matière est bien compréhensible si l'on considère la qualité de ce spécimen.

DEUXIÈME PARTIE: PORCELAINE

CHELSEA (WEST LONDON)

LES FABRICANTS DE PORCELAINE de l'Angleterre n'ont pas connu les mêmes avantages que leurs confrères du Continent. La Maison de Hanovre ne s'intéressait pas à la porcelaine comme Auguste le Fort de Saxe, et il ne se trouvait pas de Madame de Pompadour pour en favoriser le développement. En fait, le seul roi d'Angleterre à posséder une collection fut Guillaume d'Orange, qui avait apporté de Hollande quelques porcelaines japonaises décorées dans le style de Sakaïda Kakiemon. Elles étaient conservées à Hampton Court.

Les navires de la Compagnie des Indes, néanmoins, introduisaient des quantités de porcelaine de Chine, tandis que la manufacture de Meissen exportait beaucoup vers l'Angleterre où ses produits ont toujours été appréciés.

Pour ces diverses raisons, la fabrication de la porcelaine commence assez tardivement en Angleterre. La première mention digne de foi est datée de 1742, date à laquelle le Huguenot, Thomas Briand, présentait à la Royal Society une porcelaine de sa propre fabrication. On peut supposer que sa recette n'était pas le résultat de recherches personnelles, mais fondée sur celle déjà en usage à Saint Cloud et à Mennecy. La première porcelaine fabriquée en Angleterre ressemble vraiment beaucoup à celle de ces manufactures françaises.

Comme Briand était certainement d'origine française, il semble juste de relier sa formule à l'établissement d'une manufacture de porcelaine à Chelsea en 1743. Les fondateurs de celle-ci furent un bijoutier, Charles Gouyn, et un orfèvre, Nicholas Sprimont. Sprimont, par la suite, avouera qu'il devait son savoir «à une rencontre fortuite avec un chimiste qui avait quelques connaissances dans ce domaine». Briand était à la fois chimiste et orfèvre.

La fabrique de Chelsea connut un succès presque immédiat et nous constatons qu'en 1745, Charles Adam, rédigeant sa requête au roi de France pour la manufacture de Vincennes, faisait allusion; «à un nouvel établissement qui vient de se former en Angleterre d'une manufacture de porcelaine qui paraît plus belle que celle de Saxe».

Cependant Briand ne poursuivit pas ses rapports avec Chelsea et, aux environs de 1745, il se trouvait à Derby en compagnie d'un certain James Marchand, circonstance qui sera étudiée plus loin.

Les porcelaines produites entre l'ouverture de la fabrique de Chelsea et la date de 1750 sont souvent marquées d'un triangle incisé dans la base avant la cuisson, et quelques spécimens (Pl. 84) portent en outre le mot «Chelsea» et l'indication de l'année 1745. Toutes les pièces de même style, qu'elles soient marquées ou non, sont, d'une manière générale, désignées comme appartenant à la «période du triangle».

L'association entre Sprimont et Gouyn prend fin en 1749. En 1750, Sprimont ajoutait à une annonce:

16
REVUE TRIMESTRIELLE
CAHIERS
DE LA
CÉRAMIQUE
DU
VERRE
ET DES
ARTS DU FEU
18 NF
GRAVURES FLAMANDES ET FAIENCES DE NEVERS
ABONNEMENTS
LUXUEUSE REVUE TRIMESTRIELLE
AMIS DU MUSÉE NATIONAL DE CÉRAMIQUE - SÈVRES

Quelques titres d'articles parus récemment

Le Verre de table au moyen âge d'après les manucrits à peinture, par James BARRELET. Origines de la Porcelaine tendre en France au XVIIIe siècle, par Henry-Pierre FOUREST. La céramique d'art moderne italienne et européenne aux manifestations de Faenza, par Giuseppe LIVERANI. Porcelaine tendre anglaise du XVIIIe siècle, par R. J. CHARLESTON. Aspect de la verrerie vénitienne antérieure à la Renaissance, par Astone GASPARETTO. L'apport des gravures flamandes dans la décoration des faïences de Nevers, par Robert BOULAY. L'Art de la faïence à Moustiers-Sainte-Marie, par A. J. HELD. Influence vénitienne sur la production verrière de la Belgique à la fin du XVe et au début du XVIe siècle par Raymond CHAMBON. Céramiques d'Albert Marquet, par Madame Albert MARQUET. Sur l'apparition de la Polychromie dans la Porcelaine française, par Henry-Pierre FOUREST. Sur un bol de Damas, par Jean DAVID-WEILL. Goût japonais et Céramique chinoise, par Daisy LION-GOLDSCHMIDT. Un vitrail de Marc Chagall à la Cathédrale de Metz, par Jacques DUPONT. Les salles Chompret et Fombeure au Musée National de Céramique, par Henry-Pierre FOUREST. La Céramique musulmane des époques Omeyyade et Abbasside, VIIe au Xe siècle, par Jean LACAM, avec une préface de Louis MASSIGNON. Le Verre filé, à propos d'une crèche, par James BARRELET.

Dans Chaque numéro, la rubrique des "Arts du Feu dans le Monde", réunit des comptes-rendus d'expositions et des analyses d'ouvrages.

ABONNEMENT

France .. .. **60 NF** - Étranger .. .. **70 NF**

EMBOITAGES

France .. .. **13 NF** - Étranger .. .. **16 NF**

COLLECTIONS SOUS EMBOITAGES

La réimpression du No 1 permet de disposer encore de quelques collections des premiers numéros.

1er Année - 2e Année - 3e Année

chacune

France .. .. **80 NF** - Étranger .. .. **90 NF**

4e Année

France .. .. **90 NF** - Étranger .. .. **100 NF**

5e Année

France .. .. **100 NF** - Étranger .. .. **110 NF**

Imprimé en France

Imp. A. LÉCHEVIN - Rueil

«Les Gens de qualité peuvent être assurés que je n'ai aucun rapport d'aucune sorte avec les marchandises mises en vente dans *St. James Street*, *The Chelsea China Warehouse* (magasin de porcelaines de Chelsea).

Le propriétaire de ce magasin, un certain S. Stables, était probablement un agent de Gouyn et, en 1751, il annonçait à son tour: «Voyant de fréquentes annonces que le proprétaire de *Chelsea Porcelain* n'a aucun rapport d'aucune sorte avec les marchandises mises en vente dans *St. James Street*, *The Chelsea China Warehouse*, pour rendre justice à N. Sprimont (qui a signé l'annonce) comme à moi-même, je crois qu'il est de mon devoir de déclarer publiquement aux nobles, gens de qualité etc. que mon magasin de porcelaines n'est approvisionné par personne d'autre que Mr. Charles Gouyn, dernier propriétaire et directeur de la *Chelsea House*, qui continue à me fournir les plus curieux produits de cette manufacture, tant d'utilité qu'ornementaux, dont je dispose à des prix très raisonnables.»

On peut voir d'après ce texte que le mot «*China*» était devenu synonyme de «porcelaine» et que l'expression plus précise «*China ware*» commençait déjà à être abandonnée. De ces annonces, il ressort clairement qu'il faut identifier les produits de plus d'une manufacture de Chelsea, et, jusqu'ici, le seul candidat possible qui se révèle est le groupe de porcelaines habituellement dit «groupe de la Jeune fille à l'escarpolette» d'après un modèle conservé au Victoria & Albert Museum à Londres et un autre, analogue, au Museum of Fine Art de Boston. Cette catégorie de porcelaines est illustrée ici, par la Pl. 102.

Au cours de l'examen par analyse chimique de spécimens de porcelaines de Chelsea, il a été constaté que les porcelaines de cette catégorie contiennent une beaucoup plus grande proportion d'oxyde de plomb que n'importe quelle autre attribuable à la fabrique de Sprimont et, d'après l'étude des rares textes, on ne peut plus guère douter que la «Jeune fille à l'escarpolette» et les spécimens du même type aient fait partie des collections de S. Stables. Jusqu'ici aucune pièce de service n'a été identifiée et les figures connues sont extrêmement rares.

La rupture entre Sprimont et Gouyn fut, d'autre part, marquée par l'abandon, vers 1749, de la formule de porcelaine employée pour la fabrication des pièces au triangle et par l'adoption d'une marque différente, celle de l'ancre se détachant en relief sur une plaquette ovale. La nouvelle pâte garde une apparence à peu près aussi vitreuse mais, à dimensions équivalentes, les objets sont généralement plus lourds et, au lieu des petites taches plus translucides (dites «trous d'épingles») qui se voient dans les porcelaines au triangle lorsqu'elles sont présentées à la lumière, on trouve souvent dans les assiettes et autres pièces plates, des plaques brillantes d'environ 8 mm de diamètre (désignées sous le terme de «lunes»). Ces «lunes» apparaissent aussi dans certaines porcelaines françaises de la première époque et dans quelques spécimens précoces de Meissen.

Il est probable que la fabrique de Sprimont fut soutenue par un patronage princier. Un ouvrier du nom de Mason, qui travailla à la fabrique de Chelsea, pouvait, sur ses vieux jours, écrire ce qui suit: «Elle fut d'abord entretenue par le duc de Cumberland (William August, deuxième fils de George II et vainqueur de Culloden) et Sir Everard Fawkener, et la seule direction en fut confiée à un étranger nommé Sprimont. Je crois que Sir Everard mourut vers 1755 (il mourut de fait en 1758), alors Mr. Sprimont devint seul propriétaire».

En 1751 Sir Charles Hanbury Williams, ambassadeur auprès de la Cour de Saxe, écrivait à Henry Fox, Baron Holland, qui était alors Secrétaire à la Guerre: «J'ai reçu, voici environ dix jours, une lettre de Sir Everard Fawkener qui a, je crois, des intérêts dans la manufacture de porcelaine de Chelsea. Il souhaitait que j'envoyasse d'ici des modèles pour différentes pièces afin de fournir de bons dessins aux entrepreneurs, et me demandait d'en faire parvenir pour une valeur de plus de cinquante ou d'une soixantaine de livres. Mais j'ai pensé qu'il serait préférable et meilleur marché pour les fabricants de les autoriser à prendre l'une ou l'autre de mes porcelaines de *Holland House* et à copier tout ce qu'ils voudront».

Une preuve absolue de l'intervention de Cumberland nous fait encore défaut, mais Sir Everard était son secrétaire et le style des produits de la manufacture se modifia de manière très sensible dans l'année de la mort de Sir Everard, soit en 1758.

Nicholas Sprimont, aux environs de 1754, est l'auteur d'un document réclamant des taxes équitables contre les importations de porcelaines de Meissen. Ce texte est intitulé «La situation de l'entrepreneur de la manufacture de porcelaine de Chelsea» et commence ainsi: «Cet entrepreneur, orfèvre de sa profession, à la suite d'une rencontre fortuite avec un chimiste qui possédait quelques connaissances dans ce domaine, fut tenté de faire un essai, lequel, devant le succès obtenu, il se sentit encouragé à poursuivre au prix de beaucoup d'efforts et de grandes dépenses... La manufacture se trouva de la sorte établie sur une base plus importante».

En 1753, il semble que la fabrique de Chelsea ait modifié la pâte en usage jusque-là et produit en plus grande quantité qu'auparavant. Nous constatons que, vers la même époque, les statuettes de Kändler et d'Eberlein de Meissen devinrent une source constante d'inspiration, et certaines figures de Chelsea ne sont guère que d'excellentes copies. La nouvelle période se distingue par l'adoption, comme marque, d'une ancre peinte en rouge, et celle-ci est généralement très petite et souvent appliquée à une place peu visible. Il est à noter qu'à partir de ce moment, la plupart des spécimens contiennent une certaine proportion de cendres d'os, complément ajouté à la pâte à porcelaine, à Bow, quelques années plus tôt et dont il sera plus longuement question par la suite.

Il existe deux sources contemporaines valables d'informations concernant les objets qui étaient fabriqués à cette époque, elles sont fournies par les catalogues des ventes aux enchères de 1755 et de 1756, et nombre de pièces citées peuvent être identifiées sûrement parmi celles qui subsistent.

Sprimont tomba malade en 1736 et quelques-uns de ses peintres passèrent à Bow, dans le quartier à l'est de Londres. Sans doute ce fait explique-t-il l'existence de pièces exceptionnelles telles que l'assiette de Bow reproduite Pl. 119, qui a été merveilleusement peinte par un artiste de Chelsea très connu et sert aussi bien d'illustration à la porcelaine de Chelsea décorée de la sorte. Peu d'œuvres semblent avoir été produites avant 1758. Fawkener mourut cette année-là et le patronage de Cumberland fut probablement retiré, si Mason est un témoin digne de confiance. Le changement de style, le passage du style de la manufacture allemande de Meissen, pour lequel Cumberland (comme membre de la Maison de Hanovre) devait avoir une préférence, aux styles français de Sèvres, qui étaient probablement plus conformes au goût personnel de Sprimont, pourrait être en rapport avec ces circonstances.

Le début de cette période est marqué par l'adoption d'un nouveau vernis, tendre et fusible, beaucoup plus proche de celui qu'on trouve sur les premières porcelaines de Sèvres, ainsi que par l'emploi de fonds de couleurs tels que le «gros bleu» et le «rose Pompadour» (voir Pl. 93) connu en Angleterre sous le nom de «*claret*» et parfois, tout à fait à tort, de «rose du Barry». Cette nouveauté correspond à l'apparition d'une ancre d'or comme marque. En Angleterre en particulier, où la porcelaine de Meissen a généralement été préférée à celle de Sèvres, il n'est guère surprenant de constater que les porcelaines à l'ancre rouge sont les plus hautement prisées.

En 1763, Sprimont tomba à nouveau malade et cette fois il mit la fabrique en vente. Il est certain que peu d'œuvres furent exécutées entre cette date et 1769, année où l'établissement fut d'abord acheté par James Cox pour être revendu à William Duesbury de Derby en février 1770. Pendant quelques années, Duesbury exploita les deux fabriques concurremment, et les porcelaines de cette période sont souvent désignées sous le terme «Chelsea-Derby» quand il y a des raisons d'en attribuer la paternité à la première fabrique de Chelsea. Dans la plupart des cas, la distinction n'est pas facile à moins que la marque, parfois employée, ait été ajoutée. Sprimont mourut en 1771.

Les porcelaines de la période du triangle sont en majeure partie inspirées des formes de l'argenterie contemporaine; les exemples reproduits Pl. 84 et 99 appartiennent, l'un et l'autre, à cette catégorie. Les pièces datées sont très rares mais il en existe. La peinture d'émaux apparaît accidentellement et la palette est particulière. La plupart des spécimens conservés ne portent pas de décor.

Les premières pièces à l'ancre en relief imitent souvent les *blancs de chine* de Tö-houa, notamment dans l'usage de branches de prunier fleuries en relief. Ce décor se trouve aussi pendant la période du triangle où, en outre, furent parfois employées les fleurs de la plante à thé. Les formes octogonales et cannelées dérivent de celles des porcelaines japonaises d'Arita et la décoration est volontiers dans le style de Kakiemon. Beaucoup plus rares sont les spécimens décorés des sujets de la Fable qu'on reconnaît sur les assiettes aux formes d'argenterie (Pl. 87). Les porcelaines peintes de scènes maritimes et de paysages dans la manière de Meissen sont exceptionnelles, quelques-unes d'entre elles sont dues à William Duvivier.

Les fables sont généralement empruntées à une édition d'Esope publiée en 1687 avec des dessins de Francis Barlow, les textes traduits en vers anglais par Mrs. Aphra Behn, romancière et dramaturge qui mourut en 1689. Quelques-unes des plus amusantes de ces fables ont été peintes par Jeffryes Hamett O'Neale, peintre de miniatures irlandais, dont les œuvres sont peut-être plus fréquentes sur les porcelaines de Worcester.

A une date légèrement postérieure, vers 1754, apparaissent les décorations botaniques probablement inspirées par les *deutsche Blumen* de Meissen et tirées des illustrations de Philip Miller d'après les plantes des jardins de physique de Chelsea de Sir Hans Sloane, président de la Royal Society, qui donna son nom au Sloane Square de Chelsea. Le *Gardeners' Dictionary* (Dictionnaire des Jardiniers) de 1735, par Miller, contenait 300 gravures sur des «Dessins d'après nature» et, dans un autre ouvrage, l'auteur étudie des sujets tels que la culture de l'ananas. Le fait que ce fruit tropical pouvait être cultivé en serre explique son apparition dans les formes des terrines et autres objets de porcelaine.

La mode rococo des assiettes en forme de feuilles et des terrines simulant des fruits, des légumes, des animaux comme le lapin, et des oiseaux, était particulièrement en faveur à Chelsea. Nous renvoyons le lecteur aux magnifiques terrines en forme d'oiseaux reproduites Pl. 89 et 90, qui surpassent de loin tout autre objet du même genre fait en Europe à la même époque.

La transformation du décor dans les porcelaines à l'ancre d'or se manifeste pour la première fois en 1756, car la riche dorure et le fond gros bleu sont mentionnés dans le catalogue de vente de cette même année. Le fond gros bleu est appelé assez curieusement et sans raison précise «bleu mazarin». «Un bassin et une aiguière de beau bleu mazarin émaillés d'oiseaux et richement ciselés et dorés». La Pl. 97 montre un exemplaire de ce genre, d'une date un peu postérieure.

En 1763, la reine Charlotte commanda un service pour son frère, le duc de Mecklenburg-Strelitz, et, en même temps, fut exécutée une réplique différant seulement dans la forme des courbes au-dessus des petits panneaux gros bleu (convexes dans le service original, concaves dans la copie), qui aurait été vendue £ 1150, équivalent peut-être à quelques £ 10000 ou $ 28000 au cours d'aujourd'hui. Une assiette de ce service est reproduite Pl. 96. On verra plusieurs exemples de magnifiques peintures d'oiseaux. Ces *Fantasie Vögel* de Meissen étaient dits en Angleterre «oiseaux exotiques» et étaient même encore plus exotiques que ceux qui les inspiraient.

On ne connaît que peu d'exemples de la période du triangle. Quelques *putti* en manière de candélabres furent exécutés à ce moment, mais, en général, la fabrication de pièces importantes ne fut pas tentée jusqu'à la période de l'ancre en relief. Cependant, à l'extrême fin de la période du triangle, on trouve une ou deux choses comme le groupe d'amoureux reproduit Pl. 101 qui s'égale aux produits de Meissen et de Sèvres. Un exemplaire (voir Pl. 100) presque aussi précoce, passe pour un portrait de l'actrice Peg Woffington. Il existe également une paire de sphinx de la fin de la période du triangle, avec la tête de l'actrice Kitty Clive, dont un portrait est reproduit Pl. 128. Ces sphinx, pour lesquels un modèle provenant de Bow figure Pl. 129, étaient inspirés des compositions du dessinateur français de la fin du XVIIe siècle, Jean Bérain, qui employa très souvent des motifs de ce genre. Par la suite il devint de bon ton pour les beautés de la Cour de faire modeler leur portait sous cette forme en *terracotta*; la mode traversa la Manche aux environs de 1750 et fut adoptée par les premières fabriques anglaises de porcelaine.

Quelques excellentes figures d'oiseaux, tirées des planches illustrant *The Natural History of Birds* de George Edwardes, appartiennent à la période de l'ancre en relief. George Edwardes écrit alors: «J'ai remarqué que plusieurs de nos fabricants, qui imitent la porcelaine de Chine, ont rempli les magasins de Londres d'images modelées d'après les figures de mon «Histoire des Oiseaux», elles sont pour la plupart pauvrement reproduites, tant pour la forme que pour les couleurs.» On peut voir un exemple de ce genre, sortant de la fabrique de Bow, Pl. 117. En dépit de la popularité qu'elles ont connue en leur temps, de telles porcelaines sont aujourd'hui très rares.

A la même période, se rattache une figure de nourrice avec un enfant, d'après un modèle de poterie de Barthélemy Blénod, sorti de la fabrique d'Avon en France dans la première partie du XVIIe siècle, modèle qui fut aussi repris à Worcester. De loin les plus remarquables, sont les séries de figures représentées ici par la Pl. 103. A certaines d'entre elles, différents spécialistes ont trouvé quelque analogie de style avec l'œuvre du sculpteur Louis-François Roubiliac. Il est à noter que Sprimont fut parrain de la fille de Roubiliac, Sophie, en 1744, et la très jolie tête de la Pl. 85 passe pour un portrait de cette fillette qui aurait alors été âgée de six ans. Néanmoins, une suite de modèles postérieurs, marqués d'un « R » imprimé, ne sont certainement pas l'œuvre de Roubiliac comme on l'a suggéré.

Un autre artiste, d'une étonnante habileté, est représenté par la statuette de la Pl. 104. La plupart des figures citées ci-dessus appartiennent au début de la période de l'ancre rouge et, bien qu'elles soient directement inspirées par les œuvres de Kändler, elles sont magnifiquement modelées dans une porcelaine d'une rare excellence. Quelques groupes exceptionnels ont été exécutés sur les illustrations des «Délices de l'Enfance» gravées par J. J. Bachelou d'après François Boucher.

Les hippocampes, paires de chevaux marins mythologiques, représentés Pl. 107, rappellent la prédilection du style rococo pour les thèmes en rapport avec l'eau, qu'on peut reconnaître également dans les salières à l'écrevisse (Pl. 98).

La Comédie Italienne (*Commedia dell'Arte*) est évoquée ici par le Pierrot de la Pl. 108 et par les figures de Pantalon et de Colombine établies sur un modèle de Kändler, de la Pl. 88. Ce théâtre improvisé, mis en action par les compagnies d'acteurs ambulants, jouissait d'une immense popularité dans l'Europe entière, et les personnages en furent souvent utilisés comme sujets pour les statuettes de porcelaine ou la décoration.

La période de l'ancre d'or est remarquable pour quelques figures de grandes dimensions, dont le groupe *Una et le Lion* mesurant environ 75 cm. de haut est un exemple. Les statuettes rococo des manufactures allemandes, qui, à l'époque, commençaient à être dressées sur des socles élevés (notamment dans les groupes de Bustelli à Nymphenburg et dans ceux de Luck à Frankenthal) n'étaient pas appréciées sous cet aspect à Chelsea. Au lieu de cette disposition, on employait un arbre chargé de fleurs et de feuilles en haut relief, comme le montre le groupe de la Pl.95, qui correspond à l'apogée du style de la période de l'ancre d'or. Ce «boccage», suivant le terme consacré, fut aussi adopté à Bow et à Derby, mais dans ces deux fabriques l'exécution en est plus sommaire.

Les dernières figures de Chelsea, généralement désignées comme Chelsea-Derby, sont dans le style Louis XVI de transition entre le rococo et le néo-classique, et elles sont décorées en tons pâles de pastel, contrastant avec les couleurs beaucoup plus fortes en usage au temps où Sprimont exploitait la manufacture.

Le biscuit, ou porcelaine non émaillée, introduit par Bachelier à Sèvres en 1752, ne fut adopté à Chelsea qu'après l'achat de la fabrique par Duesbury. Un exemple de ce genre figure Pl. 113.

84. POT. PORCELAINE DE CHELSEA
PÉRIODE DU TRIANGLE. 1745

H. 11,5 cm. Collection Major-General Sir Harold Wernher, Bart., Luton Hoo, Bedfordshire

Ce petit pot est fait d'une pâte blanche vitreuse présentant quelques «trous d'épingle» visibles sous la lumière transmise. Le mot «Chelsea» est incisé sous la base, avec la date «1745». Ces pots sont sans doute dus au fait que Sprimont exerça d'abord la profession d'orfèvre, car ils ont indiscutablement une forme d'argenterie, et quelques exemples semblables existent dans cette dernière matière. Ceux de porcelaine étaient moulés et plusieurs moules se trouvaient en usage, ce qui explique de légères variantes entre les exemplaires connus. Il semble qu'ils furent tous fabriqués au cours d'une période de cinq ou six années; des copies plus tardives, se révélant par un corps plus épais et des formes maladroites, sont assez fréquentes.

85. TÊTE DE JEUNE FILLE. PORCELAINE DE CHELSEA
PÉRIODE DE L'ANCRE ROUGE EN RELIEF. VERS 1752

H. 19 cm. Ashmolean Museum of Fine Art (Collection Cyril Andrade), Oxford

Cette très belle tête de jeune fille fut découverte en 1937. La délicatesse du modelé l'a fait attribuer à la main du sculpteur Louis-François Roubiliac, et le sujet est probablement sa propre fille, Sophie, dont Sprimont fut parrain en août 1744. L'âge apparent de la figure et la date de la fabrication (1752) s'accordent assez bien pour rendre cette hypothèse admissible. Roubiliac a souvent sculpté des figures d'enfants, et on connaît plusieurs exemples d'œuvres de ce genre.

86. PLAT. PORCELAINE DE CHELSEA
PÉRIODE DE L'ANCRE ROUGE EN RELIEF. VERS 1752

D. 20 cm. Collection W. R. B. Young, Esq., St. Leonards-on-Sea, Sussex

Une forme assez fréquente à l'époque. Les tulipes, les primevères et les gentianes rappellent la mode des *deutsche Blumen* à Meissen et la peinture de fleurs de la porcelaine contemporaine de Vincennes. La palette, ici, est particulière, et, dans une certaine mesure, ressemble à celle de Vincennes. Le filet chocolat soulignant le bord est sans aucun doute dérivé des porcelaines japonaises décorées par Kakiemon.

87. PLAT. PORCELAINE DE CHELSEA
DÉBUT DE LA PÉRIODE DE L'ANCRE ROUGE. VERS 1753

D. 23 cm. Victoria & Albert Museum (Collection Schreiber), Londres

La forme modelée de ce plat est empruntée à l'argenterie contemporaine de style rococo. Le centre est magnifiquement peint de la fable «le Chien, le Coq et le Renard». La main est celle de Jeffryes Hamett O'Neale, et il est intéressant de comparer ce décor avec l'illustration beaucoup plus tardive de la fable «l'Ours et le Miel», du même artiste, Pl. 146. On reconnaît le même style et les deux œuvres ont la même touche humoristique, mais la liberté de dessin est plus grande dans le premier spécimen et la couleur moins lourde. Il faut rapprocher la forme de ce plat de celle de la pièce illustrée Pl. 91.

88. PANTALON ET COLOMBINE. PORCELAINE DE CHELSEA
PÉRIODE DE L'ANCRE ROUGE. VERS 1755

H. 18,5 cm. Collection Major-General Sir Harold Wernher, Bart., Luton Hoo, Bedfordshire

Ce superbe groupe d'acteurs de la Comédie Italienne est inspiré d'un modèle de Meissen par Johann Joachim Kändler. La Comédie était extrêmement populaire dans l'Europe entière à cette époque, et elle était mise en action par des troupes de comédiens ambulants. Elle a fourni à la porcelaine de nombreux sujets de figures et de décorations, la source initiale étant très souvent *l'Histoire du Théâtre Italien*, publiée par Riccoboni en 1730. Pantalon était un pauvre marchand de Venise marié à une jeune et infidèle épouse, et Colombine une coquette servante.

89. COQS DE COMBAT. PORCELAINE DE CHELSEA PÉRIODE DE L'ANCRE ROUGE. VERS 1755

H. 23 cm. L. 38 cm. Syndics du Fitzwilliam Museum, Cambridge

Une paire d'importantes terrines en forme de coqs de combat, grandeur réelle, peints au naturel. Les poignées simulent des plumes. Ces magnifiques exemplaires semblent uniques et ils sont de la plus haute qualité. Le sport des combats de coqs fut probablement introduit en Angleterre par les Romains, bien que la première mention n'en apparaisse qu'au temps d'Henry II. Au cours du XVIIIe siècle, un certain nombre de fosses à coqs furent établies à Londres, notamment à Westminster, Drury Lane, Birdcage Walk, Pall Mall, au Haymarket et à Covent Garden, et les combats étaient l'objet de fortes gageures. En 1849, ce sport fut décrété illégal, mais il a survécu dans les campagnes, particulièrement dans le nord de l'Angleterre.

90. TERRINE. PORCELAINE DE CHELSEA
PÉRIODE DE L'ANCRE ROUGE. VERS 1755

H. 20 cm. Larg. 44 cm. Trustees du Cecil Higgins Museum, Bedford

Cette remarquable terrine, figurant deux pigeons sur un nid, est décrite dans le catalogue de vente de Chelsea en 1755, comme «un couple de pigeons grandeur nature». Une terrine en forme de coq de combat est représentée Pl. 89, tandis que les poules et les oies domestiques fournirent aussi des modèles. Ces objets sont maintenant extrêmement rares. Ils furent, à l'origine, inspirés par les œuvres de Kändler à Meissen.

91. PLAT. PORCELAINE DE CHELSEA
PÉRIODE DE L'ANCRE D'OR. VERS 1760

D. 22 cm. Musée et Galerie d'Art de Hastings, Sussex

La forme de ce plat est empruntée à un modèle d'argenterie; on la trouve le plus souvent pendant la période de l'ancre en relief (1750–1752). C'est une intéressante survivance. Le magnifique décor peint d'oiseaux exotiques est typique du style de la période de l'ancre d'or, et le plat porte la marque appropriée. Une assiette de même forme, du début de cette période, également de forme argenterie, est reproduite Pl. 87.

92. GROUPE D'ENFANTS. PORCELAINE DE CHELSEA PÉRIODE DE L'ANCRE D'OR. VERS 1760

H. 13 cm. Collection Major-General Sir Harold Wernher, Bart., Luton Hoo, Bedfordshire

Ce groupe est un excellent exemple des figures à l'ancre d'or les plus calmes, qui égalent en qualité celles de la période de l'ancre rouge. On peut peut-être le considérer comme une œuvre de transition. Les vêtements sont peints suivant la transposition donnée par Chelsea du «rose Pompadour» de Sèvres, désigné à l'époque comme «*claret*». La forme de la base rococo est relativement simple.

93. ECRITOIRE. PORCELAINE DE CHELSEA
PÉRIODE DE L'ANCRE D'OR. VERS 1760

Larg. 21,5 cm. Collection Major-General Sir Harold Wernher, Bart., Luton Hoo, Bedfordshire

Cette écritoire comprend un godet à encre, un pot à ponce, un flambeau et un casier à plumes avec un agneau en guise de poignée de couvercle. Le fond est du «rose Pompadour» de Sèvres, manière de Chelsea. On appelait alors cette couleur «*claret*» et, par la suite, on lui donnera à tort le nom de «rose du Barry». Elle fut naturellement créée à Sèvres, en 1757, mais abandonnée vers 1764, l'année de la mort de Madame de Pompadour. Elle ne fut plus employée par la suite, excepté dans les copies. Elle est donc sans rapport possible avec la du Barry. Le décor d'oiseaux exotiques peint sur cette écritoire dérive très directement des œuvres de Sèvres et la dorure est extrêmement riche. L'usage fait par Chelsea du rococo est généralement, comme dans ce spécimen, modéré et de bon goût.

94. VASE. PORCELAINE DE CHELSEA
MARQUE A L'ANCRE D'OR. VERS 1760

H. 47 cm. Collection Major-General Sir Harold Wernher, Bart., Luton Hoo, Bedfordshire

Vase faisant partie d'une paire; il est magnifiquement peint d'oiseaux exotiques dans la manière de Sèvres. Le travail égale pleinement celui de la Manufacture Royale française. Les poignées rococo à enroulements sont chargées de fruits et de fleurs en haut relief, traités au naturel.

95. LA LEÇON DE DANSE. PORCELAINE DE CHELSEA PÉRIODE DE L'ANCRE D'OR. VERS 1760

H. 46 cm. Larg. 33 cm. London Museum, Palais de Kensington

Ce grand groupe imposant d'un berger jouant du *hurdy-gurdy* (sorte de luth automatique), tandis que sa compagne donne une leçon de danse à deux chiens, appartient à l'apogée du style de la période de l'ancre d'or. Il semble que le groupe fut fait comme pendant à celui, mieux connu, de la *Leçon de Musique*, et c'est ici, à notre connaissance, la seule version du sujet. Bien que le buisson d'aubépines fleuries ne forme peut-être pas un fond idéal pour les figures, ce groupe n'a été nulle part surpassé quant à la pure virtuosité dans le maniement d'une matière difficile.

96. ASSIETTE. PORCELAINE DE CHELSEA
PÉRIODE DE L'ANCRE D'OR. VERS 1763

D. 22 cm. Collection W. R. B. Young, Esq., St. Leonards-on-Sea, Sussex

Cette assiette porte un décor analogue à celui du service donné par George III et la reine Charlotte au duc de Mecklenbourg-Strelitz en 1763. Les oiseaux passent pour avoir été peints par Zachariah Boreman, par la suite peintre de paysage à Derby (Pl. 125). L'influence de Sèvres est sensible.

97. ASSIETTE. PORCELAINE DE CHELSEA
PÉRIODE DE L'ANCRE D'OR. VERS 1763

D. 23 cm. Collection W. R. B. Young, Esq., St. Leonards-on-Sea, Sussex

Les panneaux gros bleu chargés d'oiseaux en silhouettes dorées témoignent de l'influence des styles décoratifs de Vincennes. Le fond gros bleu, à Chelsea, était appelé «*Mazareen blue*» (bleu Mazarin). La dorure au miel (c'est-à-dire à l'or moulu dans le miel et légèrement cuit) est en épaisseur et ciselée. C'est là un exemple des plus belles œuvres de l'époque.

98. SALIÈRE. PORCELAINE DE CHELSEA PÉRIODE DU TRIANGLE. 1745–1750

H. 9 cm. Larg. 12 cm. Trustees du Cecil Higgins Museum, Bedford

Cette salière a le corps vitreux caractéristique de la période, et l'écrevisse est peinte en brun-rouge, la coquille étant jaune, rouge-brunâtre et rouge-corail. Les algues sont rehaussées de vert. Cette pièce a un prototype d'argent; elle est semblable en bien des points à une salière argentée de 1742, faisant partie des collections royales du Palais de Buckingham et portant la marque du fabricant Nicholas Sprimont. Dans ce dernier cas, un crabe remplace l'écrevisse. Le sujet appartient à la phase précoce du style rococo qui s'introduit assez tard en Angleterre et apparaît d'abord dans l'argenterie (Pl. 84).

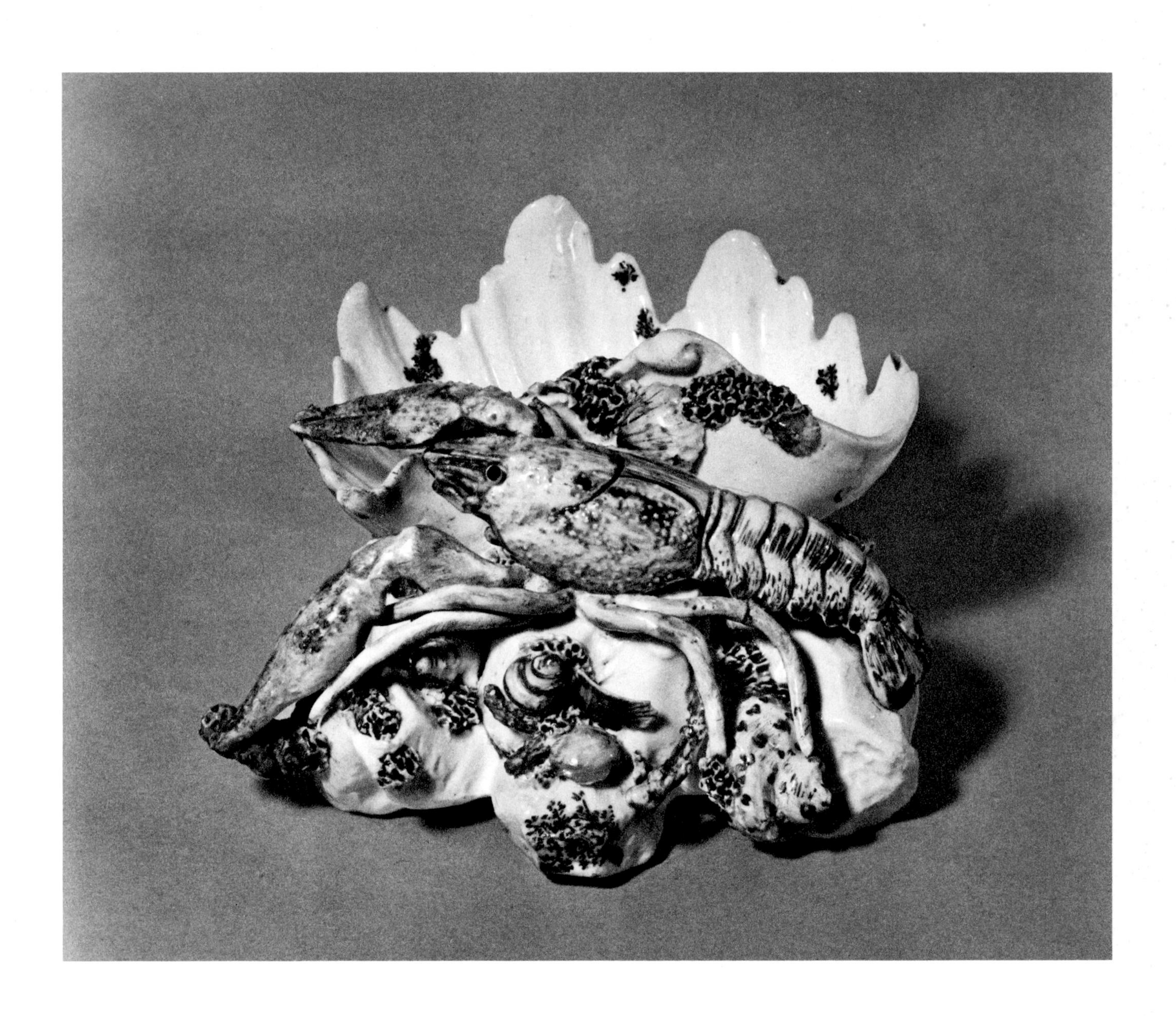

99. CAFETIÈRE. PORCELAINE DE CHELSEA
PÉRIODE DU TRIANGLE. 1745–1750

H. 20 cm. Trustees du Cecil Higgins Museum, Bedford

La décoration en relief est dérivée des «blancs» de Tö-houa (province du Fou-kien) et représente probablement la plante à thé, plutôt que l'habituelle fleur de prunier. La forme est celle d'un modèle d'argenterie, et le corps de la porcelaine est vitreux avec des «trous d'épingles». Le sommet de l'anse est décoré de feuilles d'acanthe en relief. Il faut comparer cet exemplaire à celui de la Pl. 84, qui représente une autre copie d'un pot d'argent appartenant au même groupe.

100. SPHINX. PORCELAINE DE CHELSEA
PÉRIODE DE L'ANCRE EN RELIEF. VERS 1750

L. 16 cm. H. 10 cm. Trustees du Cecil Higgins Museum, Bedford

Il peut s'agir d'un portrait de Peg Woffington, mais l'attribution est très douteuse. La figure rappelle davantage le sphinx conventionnel d'Egypte et elle est d'un sentiment beaucoup moins rococo que l'exemple de Bow reproduit Pl. 129. Néanmoins, c'est là probablement un portrait. On peut voir nettement les restes d'une ancre en relief sur la face antérieure de la base. Cette marque était estampée sur une petite plaque ovale et appliquée, mais elle s'est souvent détachée entièrement ou en partie. Dans ce cas, l'emplacement de cette sorte de marque peut être identifié par une tache ovale dénuée de vernis.

101. LES AMOUREUX. PORCELAINE DE CHELSEA. VERS 1750

H. 22,5 cm. British Museum, Londres

Ce magnifique groupe, une des plus belles œuvres de la porcelaine anglaise, appartient à une catégorie de porcelaines de Chelsea marquées d'une couronne et d'un trident en bleu, qui font transition entre la période du triangle et celle de l'ancre en relief et dont il existe quelques spécimens. On ne connaît qu'un autre exemple du présent groupe, dans la collection Sigmund Katz aux Etats-Unis, et ce dernier groupe montre quelques légères modifications qui se sont produites au cours du travail de «reparage». L'inspiration originale semble avoir été une œuvre de Vincennes, et il faut se reporter à la Pl. 102 qui reproduit une copie exacte d'un groupe de Vincennes.

102. HERCULE ET OMPHALE. PORCELAINE DE CHELSEA
GROUPE DE LA «JEUNE FILLE A L'ESCARPOLETTE»
VERS 1750

H. 25 cm. Syndics du Fitzwilliam Museum, Cambridge

Le modèle semble avoir été inspiré par un groupe analogue fait à Vincennes, l'origine étant une gravure d'après un tableau de Lemoyne. La principale différence entre cette version et celle de Vincennes est qu'ici la troisième figure, Eros, manque (voir p. 205).

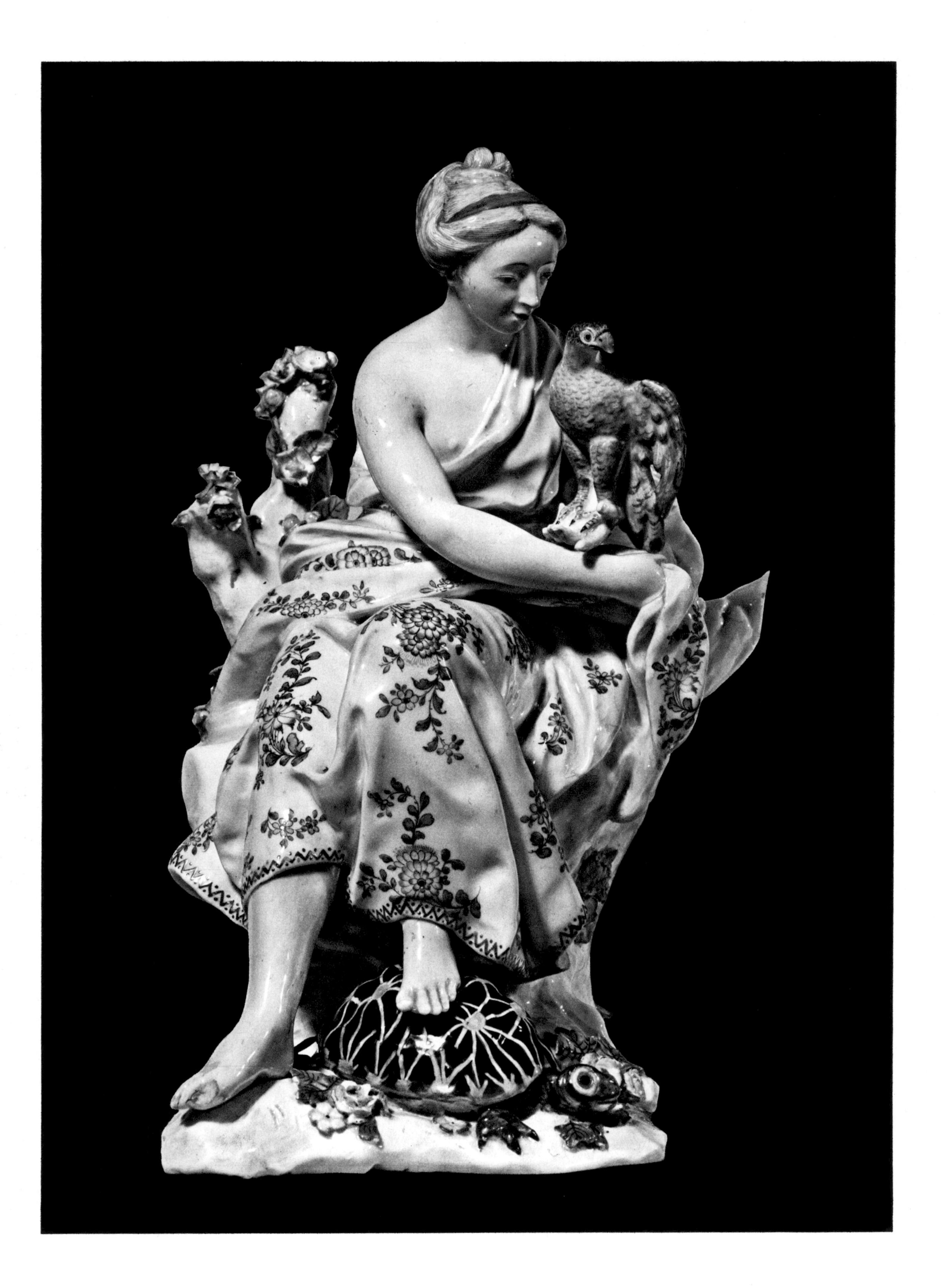

103. LE TOUCHER. PORCELAINE DE CHELSEA
PÉRIODE DE L'ANCRE ROUGE. VERS 1753

H. 27,5 cm. London Museum, Palais de Kensington

Ce beau groupe provient d'un ensemble des cinq sens et il représente celui qui est le plus rarement illustré. On a suggéré, non sans raisons, que le modèle original était de la main du sculpteur Louis-François Roubiliac. Les cheveux de la femme sont délicatement colorés, avec un léger ruban puce, et sa robe est ornée de fleurs rappelant les *indianische Blumen* de Meissen. Le faucon est de couleur puce, tandis que la tortue a une carapace noire à réseau jaune. Pour un autre exemple attribué à Roubiliac, voir Pl. 85.

104. OUVRIER. PORCELAINE DE CHELSEA PÉRIODE DE L'ANCRE ROUGE. VERS 1753

H. 20 cm. Syndics du Fitzwilliam Museum, Cambridge

Le magnifique modelé de cette figure est rehaussé par la discrétion de la couleur, qui met en valeur les qualités de la porcelaine elle-même. Le personnage porte un chapeau et des souliers noirs produisant un effet de contraste avec la surface blanche, tandis que le pantalon est d'un jaune pâle. Les fleurs de la base sont peintes de façon conventionnelle et la base elle-même lavée de vert. Cette figure est représentative d'une petite série de porcelaines, toutes de la plus fine qualité, modelées par une main non identifiée. Elles peuvent toutes être situées avec vraisemblance vers 1752–1753.

105. THÉIÈRE. PORCELAINE DE CHELSEA
DÉBUT DE LA PÉRIODE DE L'ANCRE ROUGE. VERS 1753

H. 14,5 cm. Trustees du Cecil Higgins Museum, Bedford

Cette théière, décorée d'un modèle «aux cailles» emprunté à la porcelaine japonaise, porte des fraises et des feuilles modelées en relief, d'un faire analogue à celui du revers du plat illustré Pl. 106. La forme est celle d'un modèle d'argenterie évident. La porcelaine japonaise d'Arita (Province du Hizen), décorée par Sakaïda Kakiemon, se distingue par son asymétrie et par le savant équilibre entre le décor et la qualité de la surface blanche de la matière. Ce caractère est parfaitement respecté à Chelsea dans les porcelaines de ce style.

106. PLAT EN FORME DE FEUILLE. PORCELAINE DE CHELSEA
PÉRIODE DE L'ANCRE ROUGE. VERS 1753

H. 22 cm. Collection W. R. B. Young, Esq., St. Leonards-on-Sea, Sussex

Les nervures de la feuille sont incisées; les fleurs polychromes, liserons, myosotis et muguets, sont peintes en semis. Le revers du plat porte des tiges et des vrilles en relief, des feuilles de fraisiers et des fruits. En cela, la pièce n'est pas sans rapports avec la théière reproduite Pl. 105. A la lumière transmise, le corps de la porcelaine montre un nombre important de «lunes».

107. HIPPOCAMPES. PORCELAINE DE CHELSEA
PÉRIODE DE L'ANCRE ROUGE. VERS 1754

H. 15 cm. L. 29 cm. Trustees du Cecil Higgins Museum, Bedford

L'un est chevauché par un *putto* rehaussé de couleur chair. La queue des hippocampes est légèrement peinte d'un ton puce et lavée d'un émail gris-verdâtre pâle sur les écailles incisées. Les rênes sont brun-clair. Ces pièces font certainement partie d'une décoration de table beaucoup plus importante. Le thème rococo de l'eau est, une fois de plus, mis à l'honneur; les mêmes animaux fabuleux apparaissent à Meissen, notamment avec une figure de Neptune modelée par Kändler vers 1745.

108. PIERROT. PORCELAINE DE CHELSEA
PÉRIODE DE L'ANCRE ROUGE. VERS 1754

H. 15 cm. Trustees du Cecil Higgins Museum, Bedford

La figure est celle de Pierrot ou Pedrolino, un personnage de la Comédie italienne. C'était, en principe, un valet amoureux d'une servante, mais ce personnage prit par la suite une plus grande importance. Pagliacco en est une forme postérieure qui fournira le prologue de certains spectacles, l'opéra de Mascagni, *I Pagliacci*, par exemple. Le chapeau et le vêtement sont mauve pâle, les souliers rouge-orangé et les courroies soutenant le tambour, jaunes. Les fleurs appliquées sont de couleurs conventionnelles. Le modèle doit beaucoup à Meissen. Le pied de la statuette étendu au-delà de la base améliore sensiblement la composition, au risque de rendre l'objet plus fragile.

109. FEMME EN CRINOLINE. PORCELAINE DE CHELSEA
PÉRIODE DE L'ANCRE ROUGE. VERS 1755

H. 15,5 cm. Trustees du Cecil Higgins Museum, Bedford

La figure est, d'avis général, considérée comme l'une des meilleures sorties de la fabrique de Chelsea. Le modèle a été rendu avec une rare habileté; la pose et la composition pourraient difficilement être surpassées. La femme porte une robe blanche à doublure puce et ornée de brindilles d'or. Sa jupe de dessous est d'une couleur jaune d'oeuf un peu plus pâle que celle employée à Meissen, et peinte de fleurs dites «fleurs indiennes» (*indianische Blumen*) empruntées à cette même fabrique. Les souliers sont puce, et la robe a des nœuds rouge-orangé.

110. VENDEUR DE CARTES. PORCELAINE DE CHELSEA
PÉRIODE DE L'ANCRE ROUGE. VERS 1755

H. 18,5 cm. Trustees du Cecil Higgins Museum, Bedford

Cet excellent modèle a ceci de remarquable, qu'il est une copie presque identique d'une figure de Meissen par Kändler, des environs de 1745. La couleur est, naturellement, dans la palette plus pâle de Chelsea et la carte est différente, celle de l'exemplaire de Meissen représentant une région de l'Allemagne. La figure a également été copiée à Derby en Angleterre, et ailleurs en Allemagne. Le sujet était extrêmement populaire à l'époque (cf. *Fischer Collection* catalogue, No 790, p. 120 et Berling, *Meissner Porzellan*, Pl. 90).

III. FLAMBEAU DE CHAMBRE. PORCELAINE DE CHELSEA
PÉRIODE DE L'ANCRE ROUGE. VERS 1755

H. 16 cm. Collection Major-General Sir Harold Wernher, Bart., Luton Hoo, Bedfordshire

Ce flambeau a une poignée à sa partie postérieure pour le saisir, particularité qui n'existe pas dans les candélabres de table. La bobèche est faite de feuilles bordées de vert et à nervures puce. L'oiseau a la tête noire et un dos vert rayé, ses ailes sont noires et touchées de bleu à l'épaule. La base à rinceaux rococo est d'une qualité très supérieure à celles exécutées dans la plupart des fabriques anglaises, et se rapproche des bases de Nymphenbourg. Ce modèle peut, en fait, être considéré comme de transition entre le style de l'ancre rouge et celui de l'ancre d'or.

112. GEORGE III. PORCELAINE DE CHELSEA-DERBY. VERS 1773

H. 37 cm. British Museum, Londres

Ce modèle est emprunté à la figure centrale d'un portrait de la Familie Royale par l'artiste Johann Zoffany, R. A., peintre de portraits à la mode à l'époque. La statuette est en biscuit de porcelaine. La base et le piédestal ont un fond bleu décoré d'un réseau d'or dans la manière de Sèvres, tandis que la couronne repose sur un coussin cramoisi frangé d'or. Une composition assez analogue a été employée à Sèvres pour un portrait de Louis XV, et elle peut avoir suggéré la polychromie de la pièce reproduite ici. Les autres membres de la Famille Royale sont représentés en deux groupes latéraux, modelés au même moment, peut-être par John Bacon. Les trois groupes sont mentionnés dans un catalogue publié par Duesbury en Juin 1773.

113. GROUPE. PORCELAINE DE CHELSEA-DERBY. VERS 1775

H. 22 cm. Victoria & Albert Museum (Collection Schreiber), Londres

Ce groupe, intitulé «Pensent-ils au raisin?», est tiré d'une gravure de Jacques-Philippe Le Bas d'après un tableau peint par François Boucher en 1747. Les chairs sont d'un ton naturel, les vêtements touchés d'or et les grappes pourprées et vertes. La gamme de couleurs est caractéristique des tons pastels en faveur au début de la période néo-classique.

BOW (EAST LONDON)

CETTE MANUFACTURE DE PORCELAINE fut fondée en 1744, et il est juste de dire qu'elle a ses origines dans ce qui était alors la colonie de Virginie. André Duché, Huguenot, établi à Savannah, Georgie, découvrit à la fois le kaolin et une roche feldspathique fusible, en Virginie, un peu après 1730. Le gouverneur de la colonie, le général Oglethorpe, écrivait à Londres en 1738: «On a trouvé une terre que Duché, le potier, a cuite en porcelaine.»

Duché, cependant, ne réussit pas à se procurer le support financier nécessaire à son nouveau projet et, au printemps de 1744, il arrivait à Londres. Il semble qu'il prit d'abord contact avec un peintre de portraits et graveur, Thomas Frye, qui était associé avec Edward Heylyn. Ce dernier possédait une verrerie à Bow. En 1744, les deux hommes obtenaient ensemble une patente pour une pâte à porcelaine, patente dont les lignes suivantes sont extraites: «La matière est une terre, produit de la nation Cherokee en Amérique, appelée *unaker*.»

Duché dut repartir chez lui en 1745, et cette même année, un Quaker, apothicaire à Plymouth, William Cookworthy, qui avait fait des expériences de fabrication de porcelaine, écrivait: «J'ai dernièrement eu auprès de moi la personne qui a découvert la terre chinoise. Cet homme avait plusieurs échantillons d'une porcelaine qui, je crois, égalait celle d'Asie. L'argile a été trouvée au fond de la Virginie... Il est allé en chercher un cargo, ayant acheté aux Indiens toute la région où elle existe. Ils peuvent l'importer pour £ 13 par tonne et, par ce moyen, fournir leur porcelaine aussi bon marché que le grès commun, mais ils ont l'intention de ne baisser qu'à trente pour cent de moins environ que la Compagnie.»

La «Compagnie», dans ce texte, est la Compagnie des Indes qui importait la porcelaine en grandes quantités, et il est intéressant de se demander si Cookworthy fait allusion à l'importation de Virginie d'argile blanche en tant que matière première, ou au produit fini. Le kaolin de Virginie fut certainement importé vers cette époque et plus tard, mais si nous reprenons la lecture précédente, la lettre suggère que la Compagnie des Indes importait une argile analogue de Chine. Elle devait en effet fournir un excellent lest pour les navires et il se peut que la fabrique de Chelsea ait employé du kaolin de source chinoise puisque le kaolin du Devon n'était pas encore découvert.

Il ne subsiste pas un objet qui puisse être identifié à la formule pour laquelle Heylyn et Frye prirent une patente en 1744; en 1749 Frye, seul, obtenait une seconde patente spécifiant: «... une nouvelle méthode pour fabriquer certaine céramique qui n'est pas inférieure en beauté et en finesse et est plutôt supérieure en résistance à la poterie qui est apportée des Indes Orientales».

Cette nouvelle pâte contenait des os calcinés, généralement dits cendre d'os. Jusque-là, la porcelaine fabriquée en Angleterre était un mélange d'argile et de verre pulvérisé à la manière française, et, comme toute porcelaine artificielle de ce genre, sa cuisson était difficile à réussir. Ceci était surtout dû à la température de cuisson extrêmement délicate exigée par de telles porcelaines, et la cendre d'os, si elle altérait légèrement l'apparence finale, permettait une beaucoup plus grande latitude de température avec, pour conséquence, un moindre pourcentage de perte. Néanmoins, la plus belle porcelaine de Bow rivalise parfois en qualité avec celle de Chelsea, notamment les spécimens reproduits Pl. 117 et 119.

Thomas Frye obtint l'aide financière de deux marchands de Londres, Weatherby et Crowther, et, en 1749, la manufacture de Bow commença à fabriquer de la porcelaine à l'échelle commerciale. L'établissement reçut le nom de «New Canton»; les premiers documents tangibles sont quelques encriers circulaires portant l'inscription: «fait à New Canton» et datés de 1750 et de 1751. Ces objets sont excessivement rares.

Les premières porcelaines sont souvent décorées de branches de prunier fleuries, en relief, à l'imitation des *blancs de Chine* de Tö-houa dans la province du Fou-kien, ou bien elles sont peintes de modèles inspirés des œuvres de Sakaïda Kakiemon à la fabrique japonaise d'Arita, les motifs les plus populaires étant ceux des cailles. La question demeure de savoir si ces motifs étaient directement copiés sur les porcelaines japonaises. Il est plus probable qu'ils étaient empruntés aux œuvres des fabriques continentales. Le modèle aux cailles fut certainement utilisé à Meissen et il apparaît en particulier sur les porcelaines faites à Chantilly, où les premiers décors étaient presque exclusivement dans ce style. Les peintres de Chantilly copiaient les porcelaines japonaises de la collection du prince de Condé. Les compositions chinoises de la *famille rose* sont relativement communes à Bow et de nombreux services peints en bleu sous couverte furent exécutés pour la vente à meilleur marché. D'autre part, il n'existe à peu près pas d'autres porcelaines de Chelsea à décor bleu sous couverte.

Bien que Bow n'ait pas tenté d'aborder le même marché aristocratique que Chelsea, ses statuettes sont souvent très délicates. Quelques-unes des meilleures sont dues à l'artiste inconnu dit le «Modeleur des Muses» parce que sa main fut pour la première fois identifiée d'après une série de neuf Muses exécutées aux environs de 1750. Un exemple de ses œuvres est reproduit Pl. 114 où ses caractéristiques sont étudiées. Il semble avoir été d'origine française, sans doute un réfugié huguenot, ce qui peut être déduit principalement d'une inscription sur la base de la Muse Erato «*Eraton for the love*». La construction de cette phrase n'est certainement pas anglaise mais la traduction littérale du français «Erato pour l'amour».

John Bacon, sculpteur et académicien, aurait travaillé pour la manufacture de Bow. D'après un historien, il fut d'abord apprenti de Crispe du Cimetière de Bow «un éminent fabricant de porcelaine qui lui (Bacon) apprit l'art de modeler diverses figures et groupes». Bacon a été considéré comme l'auteur de la statuette illustrée Pl. 133, mais aucune preuve ne confirme cette supposition. Il fournit des modèles à Wedgwood et à Duesbury à Derby, et il est possible que le portrait de George III (Pl. 112) soit de sa main.

Pour différentes raisons, l'artiste de Bow le plus intéressant est un modeleur connu comme «Mr. Tebo», qui travailla dans plusieurs fabriques. Il a appliqué la marque imprimée *T°* sur beaucoup de ses œuvres et nos illustrations montrent un certain nombre de spécimens signés ainsi. On sait très peu de choses à son sujet, il est cité pour la première fois comme employé chez Wedgwood, en 1774. Il existe également une annonce dans le *Daily Advertiser* de 1747, mentionnant un «Mr. Teboe» bijoutier. Il est probable que, comme beaucoup d'artistes en Angleterre à cette époque, Mr. Tebo était huguenot, originairement Thibaud ou Thibault, et que son nom fut orthographié phonétiquement pendant si longtemps qu'il l'adopta comme il avait adopté sa nouvelle patrie.

L'ensemble formé par les pièces marquées avec le T^{o}, quelle que soit la fabrique dont elles sortent, est cohérent et homogène. La marque apparaît d'abord sur des salières décorées de coquillages, faites à Bow un peu avant 1750 et 1755, et un cormoran de Bow porte également des coquillages sur son socle. La marque se trouve aussi sur un groupe d'enfants musiciens, dans la collection Katz, groupe qui a une base incrustée de coquilles. On reconnaît la même marque sur le vase de Worcester reproduit Pl. 170, qui a un phénix pour pinacle, et cet oiseau non seulement ressemble étroitement au cormoran cité ci-dessus, mais aussi à l'aigle que chevauche Zeus (Pl. 132). Le modelé dans la figure de Zeus est à la fois celui du groupe des petits musiciens dont il vient d'être question, et analogue à celui de la figure surmontant le porte-montre représenté Pl. 138, qui a la marque de Tebo.

Quelques-unes des rares statuettes de Worcester, qui semblent modelées par un artiste familier de Bow, portent aussi sa marque, et quoique les figures représentées Pl. 153 ne soient pas signées, la similitude de style est encore très forte.

Il semble que Mr. Tebo ait travaillé à Plymouth où sa manière se reconnaît. Certains modèles de Plymouth ressemblent beaucoup à ceux de Bow et la même main se retrouve encore dans la paire de phénix reproduits Pl. 156.

Au début de l'année 1760, Bow se heurta à des difficultés financières qui, très certainement, entraînèrent le départ de Tebo ailleurs. Il est difficile d'être affirmatif quant à sa nouvelle destination, mais il dut probablement se rendre d'abord à Plymouth, puis à Worcester. La manufacture de Plymouth fut ouverte par William Cookworthy en 1768, et celle de Worcester fabriquait des statuettes en 1771 quand Mrs. Philip Lybbe Powys la visita, mais pas auparavant. Il est probable que Tebo arriva à Bristol vers 1772, toutefois il semble n'avoir pas modelé de figures pour cette dernière fabrique et y avoir exercé sa profession surtout comme modeleur de vases. Certains vases de Bristol présentent une grande analogie avec ceux de Worcester portant sa marque.

Son séjour chez Wedgwood fut de courte durée, et il y était principalement employé à dégrossir les figures que d'autres artistes achevaient. En dernier lieu il alla à Dublin où finalement on perd sa trace.

Nous avons étudié le problème de Tebo assez longuement parce qu'il illustre parfaitement la manière suivant laquelle l'histoire de la porcelaine anglaise a pu être reconstituée. Contrairement à ce qui se passe pour les grandes manufactures continentales, les archives de ces entreprises anglaises laissent de regrettables vides et souvent il ne reste guère que les objets eux-mêmes sur lesquels s'appuyer.

Dans le cas de Bow, nous disposons d'un certain nombre de sources de documentation comprenant les carnets de notes de John Bowcocke, clerc de la fabrique, et plusieurs annonces dans les journaux contemporains. Beaucoup de lacunes ont été comblées précisément par des déductions de ce genre.

Deux importantes statuettes du début de l'activité de Bow, dues à un artiste inconnu, sont des portraits de l'actrice Kitty Clive et de son confrère Henry Woodward; elles sont reproduites Pl. 128. L'origine de ces pièces est commentée dans la légende, mais il faut signaler ici l'existence de très rares copies d'époque du portrait de Kitty Clive, sur des socles unis et dans une porcelaine qui ne contient pas de cendres d'os. Une attribution à la fabrique de Longton Hall, en Staffordshire, a été envisagée. Bow fit un grand nombre de personnages tirés du théâtre contemporain, dont la figure de Falstaff (Pl. 127) qui est étudiée assez en détail dans la légende.

La fabrique connut une période de difficultés, qui commença avec l'abandon de Thomas Frye en 1759. Weatherby mourut en 1762 et Crowther fit faillite au cours de l'année suivante. Bow garda une activité très réduite, et ses œuvres tardives n'ont plus le caractère artistique de la production du début; les statuettes, en particulier, ont une tendance aux couleurs criardes. La fabrique de Bow ferma définitivement en 1778.

Le moment est peut-être venu d'étudier l'origine du procédé anglais d'impression, qui ne fut employé qu'exceptionnellement sur le Continent avant le XIXe siècle. Du point de vue technique, c'est un procédé relativement simple. Une plaque de cuivre gravée est imbibée de couleurs céramiques et une impression faite sur du papier. Pendant que l'encre est encore humide, le papier ainsi imprimé est appliqué sur la surface à décorer et la céramique est ensuite cuite suivant la manière habituelle pour fixer la couleur. De telles impressions se faisaient sous couverte en bleu, ou, par-dessus la couverte en noir, pourpre ou rouge brique. Les impressions en bleu et en noir sont les plus communes.

L'invention revendiquée par Sadler & Green de Liverpool serait peut-être avec plus d'exactitude attribuée à John Brooks, graveur irlandais et ami de Thomas Frye. Une certaine quantité d'impressions furent faites à Bow et dans les fabriques d'émaux à Battersea, dans le quartier sud de Londres. Un ou deux spécimens isolés de porcelaine de Chelsea sont connus.

Le principal praticien de ce genre de travail fut Robert Hancock, sur lequel nous aurons à revenir en étudiant la manufacture de Worcester. Hancock travailla d'abord pour Bow avant de gagner Worcester vers 1757.

DERBY (DERBYSHIRE)

IL Y A TOUTES RAISONS DE PENSER que Thomas Briand, en compagnie de James Marchand, tenta de fonder une fabrique à Derby vers 1745. On trouve également, dans les textes contemporains, mention d'un potier nommé André Planché qui pourrait avoir travaillé vers la même date. Il est impossible de dire ce qu'ils firent, s'ils firent quelque chose. Quelques petits pots à crème blancs subsistent, dont l'un porte le mot «Derby» incisé, un autre a un simple « D » en cursive, et un (au Victoria & Albert Museum) est marqué «D 1750». Ces pots sont en relation avec une série de statuettes modelées de manière extrêmement habile, qui montrent d'assez nombreux retraits de vernis à la base et, en outre, portent souvent un orifice en entonnoir. Cette catégorie de porcelaines est illustrée Pl. 122 et 123 par des figures remarquables, mais on sait peu de choses, par ailleurs, à leur sujet ou sur leur origine. D'après leur style, elles semblent imiter certaines des statuettes de Chelsea à l'ancre rouge et elles furent exécutées entre 1750 et 1755.

En 1750, William Duesbury, fils d'un tanneur de Cannock en Staffordshire, tenait une entreprise de décoration à Londres. D'après ses livres de comptes conservés, il est possible d'affirmer qu'il émaillait des porcelaines blanches de Bow, de Chelsea, de Longton Hall et de Derby, aussi bien que des grès du Staffordshire. A cette époque, l'art d'émailler n'était pas bien au point dans les fabriques et Duesbury avait beaucoup de clientèle. En 1749, le duc de Luynes pouvait écrire: «Les Anglais commandent (en France) seulement la porcelaine en blanc afin de pouvoir la peindre eux-mêmes.»

En très peu d'années, néanmoins, les fabriques acquirent la maîtrise de l'art d'émailler et les services de Duesbury cessèrent d'être recherchés. Il est probable que, de même que les *Hausmaler* d'Allemagne, celui-ci se trouva en face de fabriques moins disposées à lui fournir des porcelaines en blanc, et il prit alors la décision logique de fabriquer lui-même sa propre porcelaine.

En 1756, il retourna dans les Midlands où on le trouve en actives négociations avec Planché et avec John Heath pour l'établissement d'une nouvelle fabrique à Derby. John Heath était l'animateur d'une fabrique à Cockpit Hill, Derby, qui faisait des grès au sel et des faïences fines crème et c'est, en fait, de cette fabrique que pourrait être sorti le groupe déjà mentionné des figures «à arêtes sèches». Duesbury obtint des capitaux de son père. Ce dernier transféra la totalité de ses biens à son fils en échange d'une rente qui fut fidèlement payée jusqu'à la mort du vieil homme en 1768.

Dans le *Public Advertiser* de 1756, nous trouvons l'annonce suivante: «A vendre aux enchères par Mr. Bellamy sur l'ordre des Propriétaires de la Manufacture de Porcelaine de Derby ... une curieuse collection de jolies statuettes, jarres, saucières, services à dessert, et une grande variété d'autres porcelaines utilitaires ou ornementales d'après les meilleurs modèles de Dresde (Meissen), toutes exquisement peintes et émaillées de fleurs, d'insectes, de plantes des Indes, etc...» En 1757, Duesbury se disait lui-même «Derby ou le second Dresde» et, poursuivant, affirmait que «nombre de bons juges ne pourraient pas distinguer (cette porcelaine) de la vraie porcelaine de Dresde.»

Les statuettes de Derby à cette période ne sont jamais marquées et il se peut que Duesbury ait espéré les faire passer pour des œuvres de Chelsea ou de Meissen. Si c'était vraiment là son intention, il y a fort bien réussi. Les statuettes de Derby restèrent longtemps confondues avec les derniers produits de Chelsea et la distinction ne fut faite que lorsque M. Rackham signala que les figures de Derby portaient presque toujours trois taches imprimées sous la base, à peu près de la dimension du pouce, à l'emplacement des pernettes en tampons sur lesquelles elles avaient été posées dans le four. Le magnifique exemple reproduit Pl. 140 est l'exception qui confirme la règle. Cette pièce est marquée sous la base «WDCo» et est à notre connaissance le seul spécimen marqué. Elle est donc un document en ce qu'elle confirme l'attribution des spécimens non marqués.

De 1756 à 1770, la production fut abondante, s'accroissant progressivement. Pendant quelques années, au moment des difficultés financières de Bow et de la maladie de Sprimont, Derby fut en Angleterre à peu près la seule source de statuettes de porcelaine, circonstance qui, certainement, amena la fabrique de Worcester (laquelle jusque-là n'avait fait que des pièces de service) à faire quelques figures aux environs de 1770.

En 1770, Duesbury fit l'acquisition de la manufacture de Chelsea à l'agonie et l'activité des deux établissements se trouva désormais combinée. Six sacs de cendres d'os passèrent de Chelsea à Derby, où Duesbury commença à faire des recherches avec le corps phosphatique. En outre, Duesbury ouvrit un magasin d'exposition à Londres. La production cessa à Chelsea en 1784, et peut-être que pendant les dernières années la manufacture ne fut plus qu'un établissement de représentation, semblable à celui que Wedgwood possédait non loin de là.

Après 1770, la production de Duesbury commence à se ressentir de l'influence du style néo-classique prépondérant, qui avait été introduit en Angleterre par les frères Adams, architectes et décorateurs d'intérieurs. Les lignes strictes et sévères du goût nouveau s'exprimaient mieux dans la faïence fine crème de Wedgwood, néanmoins le néo-classicisme de Derby est peut-être plus acceptable que la plupart des essais faits dans ce style par les fabriques de porcelaine européennes. Duesbury revint à son goût pour le décor émaillé, et il réunit dans son entourage une équipe de peintres d'un mérite exceptionnel. Zachariah Boreman, artiste de Chelsea, peintre présumé des oiseaux du service Mecklembourg-Strelitz, fut sans doute parmi les meilleurs d'entre eux. Boreman était un paysagiste d'une grande habileté, dont la technique doit beaucoup à l'influence de l'aquarelliste renommé de Derby, Paul Sandby. Un autre des élèves de Sandby, Robert Brewer, peignit des paysages pour la fabrique de Derby à la fin du XVIIIe siècle.

James Banfield composa des sujets animés, et son œuvre se reconnaît au revers d'objets tels que les vases décorés de paysages de Boreman. Il peignit aussi des oiseaux, des paysages et des fleurs, mais avec une grâce maladive; dans une lettre à Duesbury en 1795, il écrivait: «Vous devez savoir, Monsieur, que les gens ne sont pas des caméléons, et que la récompense adoucit le travail.»

D'une importance capitale est William Billingsley, qui devint apprenti à la fabrique en 1774. Son père exerçait le métier de vernisseur et de peintre, et il a pu travailler un moment à Chelsea comme peintre de fleurs. Il faut voir l'œuvre la plus remarquable de Billingsley dans ses peintures de fleurs, qui surpassent en qualité et en naturalisme toute chose du même ordre faite à l'époque. L'emploi d'une longue branche qui s'échappe du bouquet et son goût pour les fleurs blanches le caractérisent. Ses couleurs sont largement posées en plein, puis les lumières enlevées à l'aide d'une brosse sèche. Un exemple de ce travail apparaît Pl. 144.

Billingsley était si considéré que Joseph Lygo, l'agent de la fabrique à Londres, apprenant qu'il s'était querellé avec Duesbury, écrit: «J'espère qu'il vous sera possible de trouver un accord avec Mr. Billingsley afin qu'il continue avec vous, car ce serait une grande perte que de perdre une telle main, et, non seulement cela, mais son départ dans une autre fabrique leur permettrait de faire des fleurs de la même manière qu'à présent ils ignorent complètement.»

Malgré cela Billingsley se retira en 1796 et, par la suite, il ouvrit une fabrique de porcelaine à son compte à Nantgarw, en South Wales, qui fit pendant quelque temps une très belle porcelaine mais ne connut pas le succès commercial. Son style fut amplement copié par d'autres artistes.

Depuis ses débuts, la fabrique de Derby fit des statuettes d'une grande variété. Une liste du contenu de 42 caisses envoyées pour être vendues à Londres en 1763 mentionne des figures qui peuvent être identifiées et d'autres qui restent à découvrir, si toutefois elles existent encore. Dans son livre *The Old Derby China Factory* (l'Ancienne Manufacture de Porcelaine de Derby) publié en 1876, John Haslem, précédemment à la fabrique, donne en détail une liste des prix des environs de 1795. Cette liste est très précieuse car chaque modèle porte un numéro de référence, numéro qui se retrouve souvent incisé sous la base des pièces. Nombre d'entre elles étaient fabriquées en plus d'une grandeur, ce qui est également indiqué. Ainsi il est possible, non seulement d'identifier des modèles mais aussi leurs dimensions et, dans certains cas, le sculpteur.

Une mise au point s'impose en ce qui concerne une dénomination particulière, les soi-disant *Nains de Mansion House*. Ceux-ci, modelés d'abord aux environs de 1784, passent pour avoir été faits d'après les nains qui se tenaient à «Mansion House» à Londres, mais ils sont en réalité d'exactes copies de certaines figures grotesques de Jacques Callot et sont presque identiques à un modèle de Mennecy exécuté une trentaine d'années auparavant. Des nains reproduits en assez grandes quantités sur le Continent sont sensiblement moins rares que les spécimens originaux.

Beaucoup d'imitations de ce genre sont complétées par des fausses marques, et c'est sans doute le moment de répéter l'avertissement donné voici plusieurs années par Emil Hannover, que le plus sûr moyen de constituer une mauvaise collection est de s'appuyer sur les marques. Les marques de toutes les fabriques européennes de quelque importance ont été reprises sur des copies et une marque ne doit jamais, en aucun cas, être considérée comme seule preuve d'authenticité. L'ancre de Chelsea, les épées croisées de Meissen et le monogramme royal de Sèvres ont été sans cesse imités et nombre de petites fabriques comme Derby ne se trouvent pas épargnées.

Quant aux modeleurs qui travaillèrent à Derby, des figures sont citées comme fournies par John Bacon, R. A. et, en 1769, Duesbury lui payait £ 75 pour l'exécution de travaux. Pl. 112, la figure centrale de trois groupes tirés d'un portrait de la famille royale par Zoffany exécuté en 1773, pourrait être de lui, et des figures de Milton et de Shakespeare (Nos 297 et 305 dans la liste des prix) sont probablement son œuvre.

Un Français, Pierre Stephan, travailla aussi pour Duesbury à la fabrique, pendant environ quatre années, entre 1770 et 1774, et plus tard lui fournit des modèles comme artiste indépendant. C'est probablement lui qui fit les trois groupes bien connus – N° 195 (*Deux Vierges éveillant l'Amour*), N° 196 (*Deux Bacchantes parant Pan*), N° 235 (*Trois Grâces décourageant l'Amour*) – d'après des tableaux d'Angelica Kauffman, artiste suisse qui devint membre de l'Académie Royale.

Jean-Jacques Spängler, fils du directeur de la fabrique de Zurich, travailla à Derby, quoique la plupart des attributions qui lui sont faites demeurent hypothétiques. William Coffee fit également des modèles à Derby après 1794 et l'exemple le plus connu de ses œuvres est le N° 396, un *Berger*, copie habillée d'une statue antique d'Adonis.

La fabrique fit beaucoup de pièces en biscuit de porcelaine, dont les modèles légèrement défectueux étaient souvent recouverts d'émail et peints pour les rendre vendables. N'importe quel modèle peut donc exister dans l'une et l'autre version.

114. PAYSAN. PORCELAINE DE BOW. VERS 1750

H. 23 cm. Collection Major-General Sir Harold Wernher, Bart., Luton Hoo, Bedfordshire

Peut-être statuette d'un colporteur ainsi que le suggèrent le bâton et les guêtres. La manière est celle du «Modeleur des Muses» qui est plus connu comme l'artiste responsable de quelques précoces figures de Muses (voir p. 271). Le visage, en particulier (ovale, avec le menton légèrement fuyant), est typique de son style. La couleur est également caractéristique, surtout celle du visage. La base est un petit monticule nu, sans décor de rinceaux, et ce type a été invariablement employé pendant la première période, les bases rococo, plus hautes, (Pl. 118), ayant été introduites vers 1758. La Pl. 126, la Muse Urania, est de la même main; le visage est vu de profil, montrant bien le menton fuyant propre aux oeuvres de l'artiste.

115. GROUPE DE LA COMÉDIE ITALIENNE
PORCELAINE DE BOW. VERS 1755

H. 21 cm. Syndics du Fitzwilliam Museum, Cambridge

Ce groupe rare est une copie exacte de l'*Indiscret Arlequin*, un modèle de J. J. Kändler à Meissen, appartenant à la magnifique série des sujets d'Arlequin que celui-ci exécuta entre 1740 et 1745. La base de Meissen, avec des fleurs appliquées, a été fidèlement reproduite, et ce groupe prouve la popularité de la porcelaine de Meissen en Angleterre à cette époque.

116. POT. PORCELAINE DE BOW. VERS 1755

H. 21 cm. Galerie d'Art et Musée de Brighton (Collection Willett), Brighton, Sussex

Ce pot, très rare, représente un pasteur buvant à l'auberge, en plein air, avec des amis. L'expression d'intempérance des visages des personnages a été bien rendue par l'artiste. On ne saurait dire si l'emblème (une paire de cornes de boeuf) a ici sa signification traditionnelle. Il se peut qu'il soit en rapport avec la coutume de «jurer sur les cornes», observée dans certaines auberges de Highgate, au nord de Londres, qui, au XVIIIe siècle, étaient très fréquentées par les conducteurs de bestiaux. Ceux qui faisaient le serment et baisaient les cornes étaient promus bourgeois de l'auberge, ce qui entraînait le privilège de chasser à coups de pied un porc hors de sa bauge pour prendre sa place, quand l'homme voulait se reposer. Toutefois, ce dernier était averti que, s'il voyait trois porcs couchés ensemble, il avait seulement le droit de chasser celui du milieu et de se coucher entre les deux autres. Les pasteurs, au XVIIIe siècle, semblent avoir été réputés pour leur intempérance, comme en témoigne le groupe de la Pl. 70.

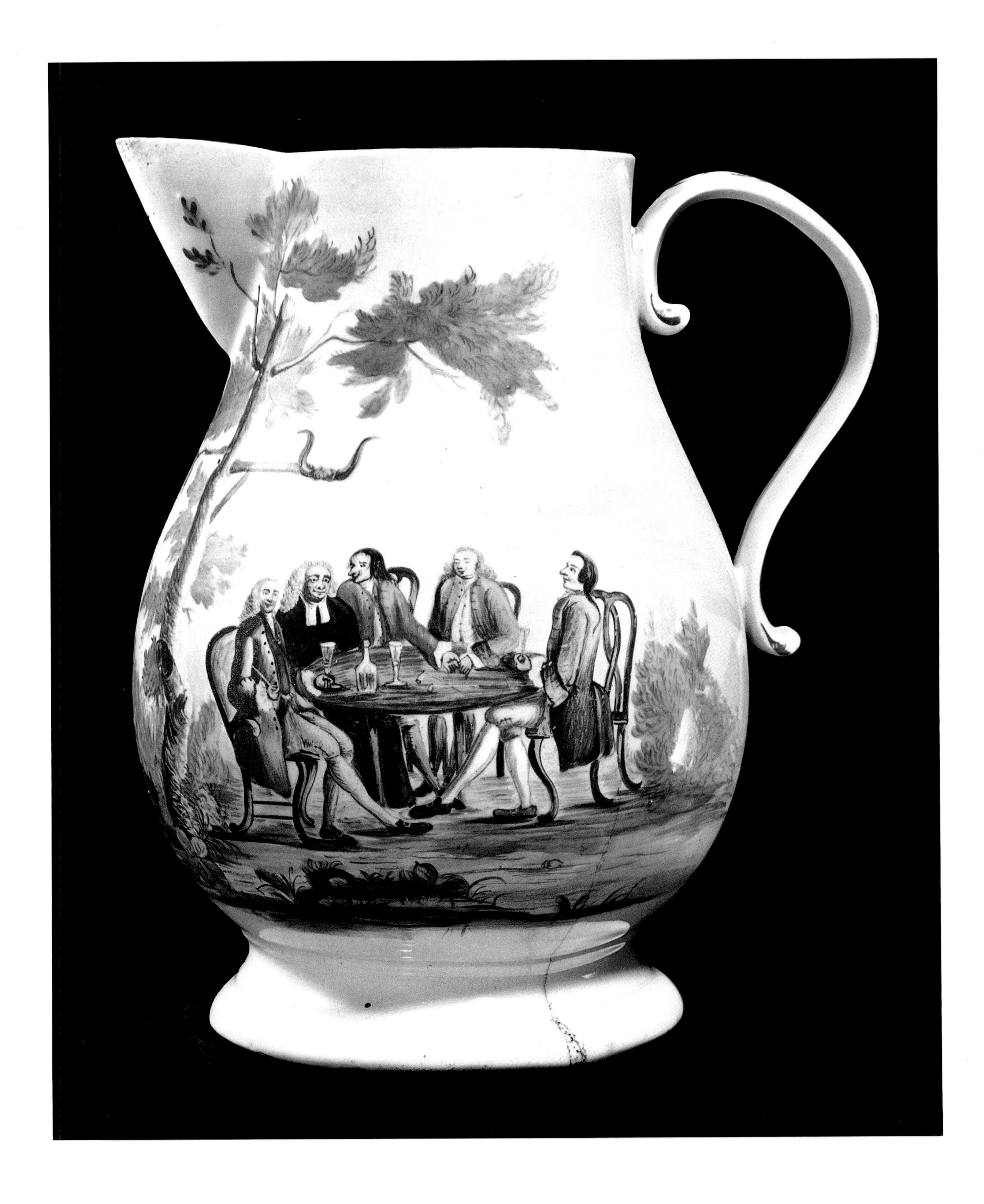

117. PAON ET PAONNE. PORCELAINE DE BOW. VERS 1756

H. 18 cm. Collection Major-General Sir Harold Wernher, Bart., Luton Hoo, Bedfordshire

Cette paire d'oiseaux, inspirés par ceux de Kändler à Meissen, s'égalent pleinement en qualité aux œuvres de Chelsea. Le corps de la porcelaine est vitreux et d'un blanc pur, tandis que la couleur atteint le maximum d'éclat. Il est rare de trouver des œuvres de ce genre à Bow qui avait beaucoup plus l'habitude de répondre aux commandes de porcelaines de qualité courante. Ces pièces doivent donc être considérées comme exceptionnelles.

118. PERROQUETS. PORCELAINE DE BOW. VERS 1758

H. 19 cm. Collection Major-General Sir Harold Wernher, Bart., Luton Hoo, Bedfordshire

Ces perroquets gaiement peints sont semblables à ceux de Kändler à Meissen, modelés vers 1733, mais les bases rococo ont été ajoutées comme concession à la mode en faveur. Ces bases sont typiques de celles qu'on peut voir sous de nombreuses figures de Bow à la même époque, bien que, par la suite, elles soient devenues plus lourdes et d'un dessin moins soigné. Les perroquets de Kändler avaient été observés dans les volières d'Auguste le Fort, à Moritzbourg, où l'artiste allait souvent chercher son inspiration; les volières étaient répandues en Europe depuis le temps de Diane de Poitiers au château d'Anet.

119. ASSIETTE. PORCELAINE DE BOW. VERS 1758

H. 23 cm. Trustees du Cecil Higgins Museum, Bedford

Cette assiette présente la base en dépression caractéristique, qui la classe tout de suite comme originaire de Bow. La porcelaine est virtuellement opaque, conséquence probable d'une cuisson à une température légèrement inférieure à celle nécessaire pour une complète vitrification. Le filet chocolat du bord est une survivance des premières imitations japonaises de Kakiemon, et le décor botanique sort d'une main bien connue, responsable d'œuvres analogues à Chelsea, pendant la période de l'ancre rouge. Le sujet est tiré des illustrations de l'ouvrage de Philip Miller, et les décors de ce genre sont généralement dits fleurs de «Hans Sloane» (voir p. 207).

120. POT-POURRI. PORCELAINE DE BOW. VERS 1758

H. 25,4 cm. Victoria & Albert Museum (Collection Schreiber), Londres

Ce pot-pourri inhabituel est, de toute évidence, copié sur un original d'argenterie ainsi que l'indiquent clairement les godrons et la forme du pied. Les motifs ajourés qui soulignent des rinceaux rococo, eux aussi, doivent beaucoup à des ouvrages d'argent du même genre. Le joueur de cornemuse surmontant le couvercle est adapté d'un bronze de Jean de Bologne; on en connaît également une version en Hollande, en faïence de Delft. La marque imprimée est *T°*, pour Mr. Tebo, et il est possible que celui-ci ait modelé la figure du sommet. La coutume d'employer ainsi des figures en guise de boutons était très répandue dans les œuvres d'argent et de métal en général, c'était un usage courant dans la porcelaine de Meissen et de Vienne.

121. LE MARQUIS DE GRANBY. PORCELAINE DE BOW. VERS 1759

H. 37 cm. Galerie d'Art et Musée de Brighton (Collection Willett), Brighton, Sussex

Cette pièce, comme d'autres reproduites ailleurs, provient d'une collection de poteries et de porcelaines illustrant l'histoire anglaise, collection qui fut léguée au Musée de Brighton par Henry Willett. Le général John Manners, marquis de Granby (1721–1770), porte l'uniforme de colonel des *Horse-Guards*, charge qu'il reçut en 1758. Cette statuette fut probablement faite pour commémorer la bataille de Minden, en 1759, un des engagements de la Guerre de Sept Ans dans lequel le duc de Brunswick (Pl. 177) remporta une victoire sur les armées françaises. La figure reproduite ici a été adaptée du portrait bien connu par Sir Joshua Reynolds, gravé par Richard Houston. Elle fut probablement modelée par Tebo.

122. GROUPE CHINOIS. PORCELAINE DE DERBY. VERS 1750

H. 23 cm. Collection Major-General Sir Harold Wernher, Bart., Luton Hoo, Bedfordshire

Un bel exemple d'une figure en ronde-bosse des débuts de Derby, avant l'arrivée de Duesbury. Ce groupe appartient à la catégorie dite «à arêtes sèches» et découle des chinoiseries de Boucher par l'intermédiaire de Meissen. La vigueur et l'adresse du modelé, qui caractérisent la plupart de ces figures, sont ici bien visibles. Il faut comparer ce groupe à celui de la Pl. 123.

123. VENDEURS DE RAISINS. PORCELAINE DE DERBY
VERS 1751

H. 18,5 cm. Collection Major-General Sir Harold Wernher, Bart., Luton Hoo, Bedfordshire

Ces deux rares et remarquables exemples de statuettes anglaises appartiennent au groupe des premières porcelaines de Derby, dit «à arêtes sèches». La source d'inspiration originale est presque certainement continentale, mais ces œuvres ont un charme particulier dû à la porcelaine tendre. Le retrait du vernis de la base est visible juste sous le soulier de la figure masculine. Ces statuettes ont sans doute été peintes par William Duesbury dans son atelier de Londres, car des «*Darbyshire figars*» apparaissent souvent dans ses livres de comptes comme peintes par lui-même.

124. PRÉSENTOIR. PORCELAINE DE DERBY. VERS 1760

H. 38,5 cm. Trustees du Cecil Higgins Museum, Bedford

Une forme répandue de présentoirs faits à Derby et dans plusieurs autres fabriques anglaises de porcelaine. Cet exemplaire, de très grande taille, a été exécuté en deux parties. Les coquilles marines soigneusement moulées, les coraux et autres, composent un thème typique du rococo à ses débuts. Ce style empruntait beaucoup de ses sujets à l'eau, l'un des premiers services de porcelaine rococo en Europe étant le service «aux cygnes» de Meissen. L'œuvre reproduite ici est entièrement inspirée par les thèmes aquatiques.

125. THÉIÈRE. PORCELAINE DE DERBY. VERS 1790

H. 14 cm. Victoria & Albert Museum (Collection Herbert Allen), Londres

Théière à fond rose pâle, peinte de paysages par Zachariah Boreman, dans des bordures dorées à rayures. Un autre paysage du même artiste orne le revers. Le titre des vues est inscrit en bleu, à l'intérieur du talon, la vue figurée ici étant: «Sur le Trent, Derbyshire» (modèle No. 231). Boreman était le meilleur peintre de paysages à Derby dans la dernière partie du XVIIIe siècle; l'usage de décrire la scène représentée deviendra habituel à partir de la fin du XVIIIe siècle. Des peintures de ce genre sont souvent désignées comme «Vues avec leurs noms».

126. URANIE. PORCELAINE DE BOW. VERS 1750

H. 15 cm. Musée et Galerie d'Art de Hastings, Sussex

Cette figure d'Uranie, la muse de l'Astronomie, est représentée mesurant le globe avec un compas. Elle est de la main du «Modeleur des Muses» et caractéristique de l'œuvre de cet artiste inconnu qui est étudié plus longuement, Pl. 114 et p. 271. Il était peut-être d'origine française. On peut le supposer d'après une inscription sur la base d'une figure de la muse Erato. Les muses étaient les déesses qui présidaient aux différents aspects de la poésie, des arts et des sciences.

127. FALSTAFF. PORCELAINE DE BOW. VERS 1750

H. 24 cm. Victoria & Albert Museum (Collection Schreiber), Londres

Ce personnage veut sans doute représenter l'acteur irlandais, James Quin, dans le rôle de Falstaff. Il est emprunté à la figure centrale d'une gravure faite en 1743 par G. Grignion, d'après un tableau de Francis Hayman, intitulé: «La poltronnerie de Falstaff découverte.» La statuette est parfois considérée comme ayant été inspirée par une gravure de James McArdell, mais Mander et Mitchenson ont démontré que cette dernière gravure était probablement fausse, le nom de McArdell ayant été ajouté plus tard à une planche sans titre, par le marchand de gravures contemporain, Sayer. Quin excellait dans le rôle de Falstaff, mais se retira de la scène en 1750, probablement parce qu'il avait perdu ses dents de devant. A une invitation à jouer le rôle, en 1754, il répondit: «Je ne sifflerai Falstaff pour personne». Quin avait un caractère irascible et fut deux fois entraîné en duel. Néanmoins, il était généreux de son argent et extrêmement populaire. Il fut le partenaire de Peg Woffington (Pl. 129) dans nombre de productions.

128. HENRY WOODWARD ET KITTY CLIVE
PORCELAINE DE BOW. VERS 1750

H. 27 cm. Trustees du Cecil Higgins Museum, Bedford

Woodward, à gauche, est représenté dans le rôle du *Fine gentleman* de la farce de Garrick, *Lethe*. Kitty Clive, à droite, est la *Fine Lady*. La figure de Woodward vient d'une gravure de James McArdell d'après un tableau de Francis Hayman, et Kitty Clive est tirée d'une gravure de Charles Mosley, peut-être d'après une aquarelle de Worledge. Les figures connues de Woodward semblent toutes sorties de Bow, mais un petit nombre de spécimens de Kitty Clive sont en porcelaine non phosphatique et peuvent avoir été faites à Longton Hall ou à Derby. L'idée que le modèle serait originaire de Chelsea est d'autant plus admissible qu'il existe une paire de sphinx de Chelsea avec la tête de la statuette ici reproduite, toutefois les spécimens non phosphatiques que nous avons eu l'occasion d'examiner n'avaient pas les caractères de la porcelaine de Chelsea. On a aussi suggéré que l'absence de réaction phosphatique était due au fait que quelques-unes de ces porcelaines avaient été exécutées à Bow avant l'introduction d'os calcinés dans la pâte, mais l'étude de la patente de 1744 laisse entendre qu'une réaction phosphatique pourrait se produire également pour toute porcelaine faite de cette dernière manière. Cette figure de Kitty Clive reste donc un des petits mystères de la porcelaine anglaise, que le temps finira peut-être par éclaircir.

Kitty Rafter est mentionnée par Colley Cibber, directeur du théâtre de Drury Lane, en 1727, et elle connut un grand succès comme actrice et comme chanteuse. Elle épousa un avocat, George Clive, mais ils se séparèrent peu de temps après la cérémonie. Dans une autre version originaire de Bow, la figure est placée sur un haut socle à la face ornée de trophées en relief.

129. SPHINX. PORCELAINE DE BOW. VERS 1750

H. 12,5 cm. Victoria & Albert Museum (Collection Schreiber), Londres

Partie d'une paire. La tête veut probablement être un portrait de Peg Woffington, l'actrice, et est, semble-t-il, une adaptation d'un tableau d'Arthur Pond, gravé par McArdell. Ce portrait se trouve à la National Gallery, à Londres.

L'actrice irlandaise, Peg Woffington, fit ses débuts à Covent Garden en 1740. Elle joua aussi avec Garrick (Pl. 155), avec lequel elle vécut pendant plusieurs années. Elle tenait parfois des rôles masculins, notamment celui de Sir Harry Wildair dans *The Constant Couple*, qui amenait à un amusant imbroglio entre elle-même et Garrick. Après une représentation, elle fit la remarque suivante: «La moitié des hommes de Londres me prennent pour un homme». Ce à quoi il répliqua: «Madame, l'autre moitié sait que vous êtes une femme».

L'origine de la forme curieuse prise par ce portrait est intéressante. Les grotesques de Raphaël, ainsi nommés parce que l'artiste les avait empruntés aux grottes de la maison de Néron remise au jour, furent employés par le dessinateur français Jean Bérain, et des figures assez semblables à celle reproduite ici apparaissent dans les tapisseries et autres modèles de son dessin. Il devint élégant pour les dames de la cour française de faire faire leur portrait sous cette forme, d'abord en terre cuite et par la suite en porcelaine. La mode traversa le détroit, et, bien que le présent modèle soit sa plus fréquente expression, elle apparaît sous d'autres formes (Pl. 100).

130. CHIEN ASSIS. PORCELAINE DE BOW. VERS 1753

H. 9,25 cm. Collection Major-General Sir Harold Wernher, Bart., Luton Hoo, Bedfordshire

Ce chien, partie d'une paire, est assis dans une pose abandonnée. Les taches de son pelage sont finement striées de brun, son nez et le bout de ses pattes sont noirs. Les fleurs, sur la base, sont de couleurs conventionnelles. Bow a fait nombre de chiens en tous genres, et si celui-ci n'est pas le plus beau, du moins est-il le plus triste.

131. NONNE. PORCELAINE DE BOW. VERS 1755

H. 14 cm. Collection W. R. B. Young, Esq., St. Leonards-on-Sea, Sussex

Dérivée d'un modèle de Meissen, une *Heilige Frau* des environs de 1750; le costume a été simplifié et la coiffe paraît légèrement moins recherchée. La pose aussi est un peu plus retenue et de sentiment moins baroque. En général, cependant, les différences ne sont pas si marquées. La base est du type de la première époque, des versions légèrement postérieures ont une base rococo. Ces statuettes semblent avoir été créées à des fins dévotes; la nonne porte un bréviaire chargé des mots «Omnia gloria...». Le voile est émaillé noir et la robe couleur puce et blanche.

132. ZEUS. PORCELAINE DE BOW. VERS 1755

H. 17 cm. Collection W. R. B. Young, Esq., St. Leonards-on-Sea, Sussex

Cette amusante figure est l'Air, dans une suite représentant les Eléments. Zeus porte un manteau couleur puce à doublure bleue, et son foudre est jaune avec les extrémités rouge-orangé. Ses chaussettes noires sont maintenues, semble-t-il, par des jarretières d'or et elles ont pu être ajoutées pour dissimuler des défauts de la couverte. L'aigle que Zeus chevauche ressemble beaucoup aux oiseaux reproduits Pl. 156 et 170, et cette figure est probablement de la main de Mr. Tebo. La base représente des nuages.

133. CUISINIERS. PORCELAINE DE BOW. VERS 1755

H. 17 cm. Collection Major-General Sir Harold Wernher, Bart., Luton Hoo, Bedfordshire

La femme est vêtue d'un manteau puce à manchettes jaunes et col bleu. Le corsage de sa robe est noir et ses souliers sont noirs avec des fleurs bleues. L'homme porte une souple coiffure noire, des souliers noirs et une culotte jaune pâle. Les fleurs peintes sur les vêtements sont rouges, bleues et vertes; celles de la base sont de couleurs conventionnelles. Les statuettes ont une marque imprimée, *B*, un moment considérée comme l'initiale de John Bacon, R. A., auquel ces porcelaines ont été attribuées. Cette attribution est très douteuse, mais ce sont là de remarquables exemples de la petite statuaire, qui comptent parmi les meilleures oeuvres sorties de la fabrique.

134. COLPORTEUR. PORCELAINE DE BOW. VERS 1755

H. 17 cm. Collection Major-General Sir Harold Wernher, Bart., Luton Hoo, Bedfordshire

La figure a une coiffure et des manchettes peintes d'un émail bleu, couleur caractéristique de Bow. Le gilet et la culotte sont ornés de fleurs en bleu, puce, jaune et vert; les guêtres sont couleur puce et les souliers noirs. Les fleurs sur la base sont les mêmes que celles du vêtement. La figure est très proche d'un petit bronze du Victoria & Albert Museum par lequel elle semble avoir été inspirée.

the
PRUSSIAN
HERO

135. THÉIÈRE. PORCELAINE DE BOW. VERS 1756

H. 19 cm. Victoria & Albert Museum (Collection Schreiber), Londres

Cette théière est décorée d'un portrait à mi-corps de Frédéric le Grand de Prusse, copié sur une peinture d'Antoine Pesne, et gravé par J. G. Wille. C'est un décor par impression, exécuté en brun-pourpré; au-dessus, à gauche, se trouve l'image imprimée d'une figure représentant la Renommée, tandis qu'à droite, un *putto* ailé tient une couronne de laurier. Le couvercle de la théière est décoré de trophées d'armes imprimés et les fleurs en relief, autour de l'attache de l'anse et sur le couvercle, sont peintes dans les couleurs habituelles. Cette théière semble avoir été exécutée un peu avant l'interprétation du même sujet à Worcester en 1757. Frédéric était excessivement populaire en Angleterre à l'époque (le commencement de la Guerre de Sept Ans). En 1758, Walpole écrivait dans une lettre: «Toute l'Angleterre a fêté son anniversaire. Ce dernier a pris place dans notre calendrier à côté de ceux de l'amiral Vernon et de lord Blakeney et je crois que le peuple considère la Prusse comme une partie de la vieille Angleterre».

136. BATELIER. PORCELAINE DE BOW. VERS 1758

H. 24 cm. Galerie d'Art et Musée de Brighton (Collection Willett), Brighton, Sussex

Le batelier porte le manteau et l'insigne du *Dogget*, prix fondé en 1715 par un acteur irlandais, Thomas Dogget, en l'honneur de l'accession au trône de George Ier. Chaque année, le premier août, une course avait lieu entre les bateliers de la Tamise, qui partaient du Pont de Londres et arrivaient à Chelsea. Le gagnant recevait un manteau rouge et un grand brassard d'argent. La coutume existe encore, et, depuis 1791, le nom du gagnant a été enregistré. Le rouge était une couleur difficile à réussir de sorte que la figure porte un manteau jaune serin, une écharpe bleue et une culotte brune. La base, qui est caractéristique des figures de Bow à cette période, est rehaussée de touches d'émail puce et bleu. La figure existe dans une version antérieure, sur une base unie. Il est possible qu'elle ait été faite pour commémorer une victoire populaire.

137. CHOPE. PORCELAINE DE BOW. VERS 1758

H. 21,5 cm. Victoria & Albert Museum (Collection Schreiber), Londres

Cette chope en forme de cloche porte sur la face une tête de chèvre en cimier, entourée de rinceaux dorés. Le reste de la décoration peinte est inspiré par les compositions de Kakiemon. Le couvercle est surmonté par un carlin dérivé d'un modèle de Kändler à Meissen.

138. PORTE-MONTRE. PORCELAINE DE BOW. VERS 1759

H. 33 cm. Trustees du Cecil Higgins Museum, Bedford

Ce très intéressant spécimen est daté de 1757 et de 1759, mais la dernière de ces années est la plus probable. Il est marqué d'un *To* imprimé, indiquant la main de Tebo, et la figure du sommet est, quant à son style, similaire au Zeus (Pl. 132). La peinture de portées de musique rattache cette pièce à quelques rares spécimens décorés de même et également datés de 1759, l'un de ces derniers portant l'inscription «*To great handle the god of musick, 1759*» (Au grand *handle* dieu de la musique, 1759). Il est probable que tous ces objets furent exécutés en hommage au compositeur Georges Frédéric Haendel, au moment de sa mort, le 14 avril 1759. L'exemplaire reproduit est décoré de diverses initiales: G H (répétés deux fois), A C et I H, et de nombres (17278 et 0721). Les portées de musique portent des titres différents: *The Flye*, *York tune*, *Minuet*, *Sally* et *Air*. Les rinceaux sont teintés de puce et de bleu, accord coloré typique de Bow, avec des touches de jaune et de vert. Au revers, le peintre a accidentellement laissé la marque de son pouce en couleur bleue. La source initiale de cette pièce semble être à Meissen. La figure du sommet n'est pas sans analogie avec les motifs d'Eberlein, et plusieurs modèles de Bow, qui peuvent raisonnablement être attribués à Tebo, ont pour origine l'œuvre de cet artiste de Meissen.

MIN
VET

139. VASE. PORCELAINE DE DERBY. VERS 1758

H. 29 cm. Musée et Galerie d'Art de Hastings, Sussex

Ce vase a un fond bleu foncé à l'éponge, avec des oiseaux exotiques et des fleurs peints dans des panneaux blancs en réserve. Il porte un peu de dorure à l'huile. On voit, sur les poignées, des touches d'un ton turquoise «sali», couleur particulièrement associée à la fabrication de Derby à cette époque. C'est ici une naïve interprétation provinciale de Sèvres.

140. JOUEUR DE CORNEMUSE. PORCELAINE DE DERBY VERS 1760

H. 28,5 cm. British Museum, Londres

La qualité de cette figure prouve que la prétention de Duesbury d'être considéré comme «le second Dresde» n'était pas entièrement sans fondement. La statuette porte la marque «WDCO» incisée sous la base et est le seul spécimen connu, marqué ainsi. Jusqu'en 1770, date à laquelle Duesbury fit l'acquisition de la fabrique de Chelsea, aucun de ses produits ne portait de marque de fabrique, bien qu'on trouve parfois des spécimens marqués de l'ancre de Chelsea. La conclusion qu'il essayait de faire passer ses produits comme provenant de fabriques telles que Chelsea et Meissen est inévitable.

141. VACHES. PORCELAINE DE DERBY. VERS 1763

H. 8 cm. Musée et Galerie d'Art de Hastings, Sussex

Les bases sont florales, les fleurs touchées de couleur puce. Les vaches portent des taches rouge-orangé et leurs sabots sont noirs. Dérivés assez éloignés des vaches de Kändler à Meissen, celles-ci sont d'un sentiment typiquement anglais.

142. GROUPE DE LA DÎME. PORCELAINE DE DERBY. VERS 1765

H. 17,5 cm. Victoria & Albert Museum (Collection Schreiber), Londres

La dîme était la dixième part du produit de la ferme, obligatoirement prélevée par l'Eglise Officielle pour son entretien. L'injustice de cette taxe, levée aveuglément sans souci des croyances religieuses, a toujours été une cause d'agitation et de mécontentement chez les fermiers anglais sur lesquels elle s'abattait. Le présent groupe, d'intentions satiriques, représente une femme de fermier décidée à ne céder le dixième cochon que si le curé prend le dixième enfant, et il illustre sans doute les vers contemporains suivants:

«Le curé arrive, il réclame le cochon,
Et la bonne épouse brûle de rage,
Mais elle fait la maligne s'inclinant très bas et souriant,
Gardant le cochon à l'abri et tendant l'enfant.
Le prêtre restait bourru et la femme, l'air important,
Morbleu, Monsieur, dit-elle, pas d'enfant pas de cochon.»

Nombreux sont les textes du XVIIIe siècle, qui témoignent de l'amertume des sentiments à ce sujet. On le trouve reproduit par impression sur les faïences fines de couleur crème, et il existe une figure du prêtre, modelée à part, parmi les statuettes de poterie de Ralph Wood. Elle porte une inscription qui peut se traduire:

Je ne veux pas de l'enfant, mais je veux le cochon.

143. JEAN-JACQUES ROUSSEAU. PORCELAINE DE DERBY VERS 1775

H. 16,5 cm. Victoria & Albert Museum (Collection Schreiber), Londres

Ce buste de Rousseau est tiré d'un portrait peint par J. H. Taraval et gravé par C. H. Watelet en 1766, d'après une médaille de bronze de 1761, due à Leclerc. Rousseau, représenté ici en costume arménien avec un bonnet de fourrure, passa quatre années en Angleterre, à partir de 1766, sur l'invitation du philosophe David Hume. Un buste analogue fut exécuté en faïence fine crème, probablement par Enoch Wood de Burslem. Ce deuxième buste porte un vêtement brun et un manteau couleur puce et il est rehaussé de touches de dorure.

144. VASE A FLEURS. PORCELAINE DE DERBY. VERS 1790

H. 20,5 cm. Victoria & Albert Museum (Collection Herbert Allen), Londres

Vase et socle, le second avec deux anses en anneaux, partiellement dorées et ornées de feuillages en relief à leur attache. Le médaillon ovale porte un bouquet de fleurs, magnifiquement peint par William Billingsley (voir p. 276). En haut, les fleurs blanches dominent (détail caractéristique de Billingsley), celles du milieu sont mauve pâle et roses avec du rouge-orangé au cœur. Le fond est bleu foncé, enrichi de dorure en «vermiculé» dérivé des décors de Sèvres.

145. LIBERTÉ ET MARIAGE. PORCELAINE DE RALPH WOOD STAFFORDSHIRE. VERS 1785

H. 28 cm. Victoria & Albert Museum (Don W. T. Lee, Esq.), Londres

Le sujet de ce groupe a été communément employé en Angleterre par nombre de fabriques au cours du XVIIIe siècle, et, plus tard, pour des groupes ou des paires de figures. L'exemplaire reproduit est extrêmement rare, un très petit nombre de porcelaines de Ralph Wood ayant été identifiées. Ce groupe présente les caractères des groupes de poteries de même origine. Comme eux il est léger et creux, moulé en faible épaisseur. Les figures sont peintes en vert, puce, rouge-orangé, mauve, bleu et noir. Le modelé est sans recherche en comparaison de celui des fabriques de porcelaine contemporaines.

LA MANUFACTURE DE WORCESTER ET SES ORIGINES

LA MANUFACTURE DE WORCESTER a peut-être pour origine une petite entreprise malheureuse à Limehouse, dans le quartier à l'est de Londres. Le Dr Richard Pococke, qui tenait journal de ses voyages à travers l'Angleterre, écrit à propos de son séjour à Bristol en 1750: «Je suis allé visiter la manufacture récemment établie ici par un des chefs de la manufacture de Limehouse qui a fait faillite. C'est dans une verrerie et elle s'appelle *Lowris' China House.*»

Il parle d'une porcelaine composée de silex calciné et de stéatite provenant du Cap Lizard en Cornouailles, et cette inclusion de stéatite est une caractéristique de la porcelaine fabriquée tant à Bristol à cette date, qu'à Worcester où la manufacture fut transférée par la suite.

L'entrepreneur de Bristol était un Quaker nommé Benjamin Lund, qui obtint en 1748 une licence pour extraire de la stéatite au Cap Lizard. Il est possible que William Cookworthy de Plymouth, déjà cité à propos de l'emploi du kaolin de Virginie, ait eu certaines relations avec la nouvelle fabrique. Cette supposition est fondée principalement sur le fait qu'il recherchait en Cornouailles les ingrédients de la porcelaine et qu'il était lui-même Quaker comme Lund; il existe un rapport, rédigé beaucoup plus tard par Sarah Champion, disant que Cookworthy fut le «premier inventeur de la porcelaine de Bristol», rapport qui, d'après le contexte, peut avoir trait à cette première fabrique.

La manufacture de Bristol fut installée à Redcliff Backs, dans une verrerie qui avait précédemment appartenu à un homme du nom de Lowdin, et le «Lowris» cité par Pococke est une évidente déformation de «Lowdins». Nous croyons pouvoir assurer qu'il commença son activité en 1748, et quelques figures copiées sur les *blancs de Chine* de Tô-houa, marquées «Bristoll 1750» en relief au revers, apportent de sûrs documents. Certaines saucières de type argenterie, à lèvre retournée, sont assez fréquentes. Le vernis prend un ton légèrement bleuté et a une apparence opaque qui peut être due à l'addition d'une petite quantité d'étain, assez admissible dans un centre de fabrication de faïence tel que Bristol. Ces porcelaines sont souvent peintes de scènes chinoises en émaux de couleurs dérivés des porcelaines de la dynastie Tsing, *famille verte* et *famille rose*. Il est intéressant de noter ici que si les autres fabriques anglaises empruntaient la majeure partie de leurs modèles au Japon, ces derniers ne furent que rarement utilisés à Worcester. A leur place, des modèles tirés d'originaux chinois, et, dans certains cas, des copies, comme on peut le voir Pl. 160, sont la règle. Un exemple de ce genre de travail à Bristol est illustré Pl. 157, mais quelques-unes de ces pièces ont été reproduites peu après le transfert de la fabrique à Worcester, et la ligne de démarcation n'est pas toujours nette. Elles sont alors désignées comme «Bristol-Worcester», indiquant qu'elles peuvent avoir été faites à l'une aussi bien qu'à l'autre place.

Dans le *Bristol Journal* de Felix Farley, au 24 juillet 1752, et à nouveau le 8 août de la même année, nous relevons l'annonce suivante: «Attendu que les propriétaires de la Manufacture de porcelaine en cette ville... sont maintenant réunis avec la *Worcester Porcelain Company*, où, à l'avenir, se traiteront entièrement les affaires; en conséquence les dits propriétaires sont décidés à vendre à très bon marché la réserve de porcelaine qui subsiste dans leur magasin de Castle Green, jusqu'à épuisement du tout.»

La *Worcester Company* était effectivement constituée en 1751, ayant pour quatre principaux actionnaires William Bayliss, Richard Holdship, Edward Cave (éditeur du *Gentleman's Magazine*) et Josiah Holdship. Le Dr John Wall et William Davis étaient également actionnaires pour la somme de £ 225 chacun, soit environ la moitié de la somme souscrite par Josiah Holdship. Le plus fort investissement (£ 675) fut souscrit par William Bayliss. Wall et Davis reçurent une somme égale à leurs participations réunies, pour leur rôle dans l'acquisition du secret de fabrication, et un paiement spécial fut fait à deux ouvriers de Bristol, Robert Podmore et John Lyes.

Sans doute en reconnaissance de sa prédilection pour les styles chinois, la nouvelle manufacture prit le nom de *Worcester Tonquin Manufactory* et, en mars 1753, elle avait ouvert un magasin à Londres pour la vente de ses produits. Parmi les premières œuvres, se trouve une saucière, modèle d'argenterie, du type également fabriqué à Bristol. A la première manufacture la marque *Bristoll* en relief était parfois employée, et on connaît un spécimen de Worcester marqué de la même manière *Wigornia.* Le mot est une variante de la forme latine de Worcester: *Vigornium.*

Pendant quelques années, Worcester resta fidèle à son goût pour les décors à la manière chinoise; la première réelle modification apparaît en 1757, quand Robert Hancock, le graveur, arriva de Bow, apportant le secret du décor par impression. Nombre des premières porcelaines de Worcester décorées de cette manière portent la marque de Hancock, «RH», accompagnée d'une ancre, rébus sur le nom *Holdship* (retenir le bateau).

Richard Holdship aurait dirigé le département de gravure, et la preuve du conflit aigu entre les deux hommes nous est fournie par un couplet imprimé dans le *Gentleman's Magazine* de décembre 1757, en allusion à la gravure populaire de Frédéric le Grand par Hancock:

> «Quels éloges te sont dus, ingénieux Holdship, qui
> Sur la belle porcelaine a dessiné le portrait –
> A toi, qui le premier, dans ton esprit judicieux,
> A tracé un parfait modèle d'art –
> Longtemps cherché par des artistes curieux
> Par toi seul conduit à la grande perfection»

Dans le *Worcester Journal* de janvier 1758, les deux premières lignes sont répétées avec cette addition:

> «Hancock, mon ami, ne te chagrine pas si Holdship reçoit les louanges
> C'est à toi de faire le travail, c'est à lui de porter les lauriers.»

C'était simplement rendre justice à Hancock, mais, en 1759, Richard Holdship quittait Worcester et offrait le secret de la porcelaine stéatite et du décor par impression à Duesbury de Derby. Ce dernier, pour autant qu'on puisse l'affirmer, ne fit pas usage de la formule à stéatite, mais quelques spécimens de Derby, porcelaines et faïences fines crème décorées par impression, sont connus. Les impressions de Hancock sur les porcelaines de Worcester sont aujourd'hui très recherchées des collectionneurs. La plupart sont soit en noir, soit en bleu sous couverte, quoique des impressions en rouge ou en ton lilas se trouvent exceptionnellement. Hancock devint associé en 1772, puis, en 1774, il se rendit à une petite fabrique à Caughley en Shropshire, qui fit des vaisselles de service dans le style de Worcester.

Peu après 1760, la fabrique de Worcester commença à faire des porcelaines décorées en bleu sous couverte d'un fond de petites écailles se chevauchant, dit «fond à écailles bleues». Ces fonds réservaient des panneaux blancs dans lesquels pouvaient être exécutées des peintures en couleurs. Beaucoup de porcelaines de ce genre furent vendues à James Giles qui avait un atelier de décoration dans Kentish Town à Londres. Bien que nous ne sachions pas à quelle date il s'ouvrit, cet atelier était en activité en 1760, et Thomas Craft de Bow rapporte qu'il y eut cette année-là un bol «brûlé dans le four de Mr. Gyles, au prix de s. 3.»

Des oiseaux d'apparence «agitée» fournissaient un motif habituel à cet atelier, et le peintre a été avec esprit surnommé par W. B. Honey «le Maître des oiseaux ébouriffés».

Bien que la fabrique de Worcester semble avoir, au début, assez volontiers fourni Giles, elle trouva ensuite plus profitable de décorer ses propres produits sur place, et, comme avant lui Duesbury, Giles éprouva de plus en plus de difficultés à se procurer des porcelaines en blanc. Ce qui, certainement, explique l'existence de pièces chargées d'un fond vert opaque, par exemple, sous lequel se révèle à la lumière un décor de fabrique clairsemé. Aucun doute non plus que ce soit là la raison de spécimens de décor par impression repris à l'aide d'émaux de couleurs. Un catalogue de porcelaines de Worcester de 1769 cite: «un service à thé et à café complet, avec anses émaillées en noir, (décoré par impression) «l'Amour» (gravure de Hancock), quarante-trois pièces. Acheté par Mr. Giles».

Un examen des œuvres qui peuvent, avec quelque vraisemblance, être attribuées à Giles, démontre que celui-ci fit un grand nombre des objets à fond de couleurs formant un groupe hautement apprécié de porcelaines de Worcester, et H. R. Marshall, dont la belle collection de porcelaine a fourni ici quelques illustrations, admettait, après étude des textes conservés, que Giles a décoré une énorme quantité de porcelaines de cette manufacture au cours de la décade 1760–1770, opinion à laquelle l'auteur souscrit pleinement. D'autre part, le travail égalait tout à fait en qualité celui exécuté à la fabrique, quand, vraiment, il ne le surpassait pas. Une illustration adéquate en est fournie par la Pl. 150 qui reproduit l'une des quatre assiettes offertes au Victoria & Albert Museum par une descendante de James Giles, Mrs. Dora Grubbe. D'après une tradition de famille, cette assiette aurait été décorée à l'occasion du mariage de Mary Giles, fille de James Giles.

Le style de l'atelier de Giles peut aussi se reconnaître sur quelques porcelaines de Chelsea de la période de l'ancre d'or, dont un groupe intéressant peint en vert monochrome sur un tracé noir. Ces pièces doivent certainement être attribuées à un décorateur de l'extérieur, car des spécimens de porcelaines de Chine blanches décorées en Angleterre de la même manière sont connus. Certaines rappellent beaucoup les œuvres de Jeffryes Hamett O'Neale, le peintre de miniatures irlandais précédemment cité à propos de la production de Chelsea, et la signature de celui-ci se trouve quelquefois sur des vases ou des assiettes plus recherchés, portant généralement des sujets animaliers combinés avec un fond bleu foncé (voir Pl. 146). John Donaldson, miniaturiste écossais qui, vers la même époque, a peint quelques-uns des plus beaux vases de porcelaine de Worcester, travaillait sans aucun doute au dehors de la fabrique; un exemple de ses œuvres est montré Pl. 152.

Vers 1770, il semble que la manufacture ait été parfaitement capable d'exécuter sur place toutes les catégories les plus délicates de décor, auparavant confiées à Giles, et on voit alors beaucoup d'adaptations dans le style de Sèvres; nombre d'importants services furent exécutés pour des clients haut-placés qui peuvent être identifiés.

Worcester fit peu de statuettes, et pas avant les environs de 1769. Des spécimens sont reproduits Pl. 153. Tous ceux aujourd'hui connus ont dû être modelés par Mr. Tebo. Il n'est pas du tout certain que toute la production de ce genre soit, à l'heure actuelle, identifiée, et les années récentes ont apporté plusieurs découvertes à ce sujet.

Jusqu'en 1772, les Holdship furent apparemment les animateurs de Worcester et, après le départ de Richard Holdship en 1759, Josiah dut être à peu près le seul responsable. Cependant, en 1772, la fabrique fut achetée par le Révérend Thomas Vernon pour £ 5250 et alors transférée à une Compagnie dirigée par le Dr John Wall. Par ce procédé tous les premiers actionnaires se trouvèrent éliminés sauf Wall et Davis. Le Dr Wall mourut en 1776 et la fabrique fut vendue en 1783 à un nouveau propriétaireThomas Flight, marchand qui avait été auparavant son agent à Londres. Jusqu'à ces derniers temps, la période s'étendant entre 1751 et 1783 était dite «période Wall», d'après la supposition qui faisait de Wall le principal directeur de son activité. Mais des recherches récentes et une nouvelle évaluation des faits, ont imposé la conclusion que Wall ne joua un rôle prépondérant qu'après 1772. Il serait donc plus strictement conforme à la réalité de désigner la période de 1752 à 1772 comme «période Holdship», et de réserver le terme «période Wall» aux années postérieures à 1772. Pour les commodités de classement, cette dernière période pourrait être étendue jusqu'en 1783, puisque la production de la fabrique n'a pas subi de changement notable de style jusqu'à cette année-là.

La famille Flight amena plusieurs modifications dans la formule de la porcelaine et adopta, dans une certaine mesure, le style néo-classique. Des peintures de paysages topographiques de grande qualité apparaissent sur quelques vases de cette époque. Nombre de modèles – le fond à écailles bleues avec oiseaux exotiques, par exemple – restèrent en usage. La statuaire fut abandonnée après le départ de Mr. Tebo pour Bristol, et la dernière production est presque entièrement consacrée aux services et aux vases. En 1792, Robert Chamberlain ouvrit une autre fabrique à Worcester, qui, éventuellement, absorba l'ancien établissement.

L'usage à Worcester de stéatite dans la porcelaine fut une innovation reprise plus tard à Liverpool, dans une fabrique fondée en 1756 par Richard Chaffers avec l'aide de Robert Podmore, qui avait appartenu à la fabrique originale de Bristol. Ils firent nombre de porcelaines d'excellente qualité dans le style primitif de Worcester, parfois confondues avec les œuvres de cette fabrique elle-même. A Caughley en Shropshire, une manufacture pour la fabrication de céramiques utilitaires fut établie en 1772, par Thomas Turner que Hancock rejoignit en 1774. On leur doit beaucoup de vaisselles décorées par impression en bleu. Des pièces exceptionnelles peintes en émaux de couleurs sont probablement l'œuvre de Humphrey Chamberlain, fils de Robert Chamberlain, qui travailla comme décorateur indépendant.

La porcelaine de Worcester jouit d'une faveur particulière auprès des collectionneurs. Elle a survécu en quantités considérables, elle est toujours de bonne qualité et de bon goût et ne présente pas de difficultés spéciales d'identification. Il n'existe que peu de pièces qui, du point de vue esthétique, soient capitales comme parfois peuvent l'être certaines œuvres de Chelsea, mais on ne trouve pas non plus d'équivalent aux erreurs occasionnelles de Chelsea dans la surcharge du décor à la période de l'ancre d'or.

LONGTON HALL (STAFFORDSHIRE)

JUSQU'À UNE ÉPOQUE RÉCENTE, on ne savait à peu près rien de cette fabrique et les attributions étaient faites par voie d'élimination, fondées sur quelques annonces de journaux. Depuis les dernières découvertes du Dr Bernard Watney, Longton Hall est peut-être, de toutes les entreprises anglaises, celle qui offre la documentation la plus complète.

La propriété en fut d'abord concédée à William Littler, potier en grès salin qui naquit à Brownhills près de Burslem. Il est maintenant admis que celui-ci ne fut qu'associé, d'abord avec William Jenkinson et William Nicklin, et que Jenkinson avait acquis ailleurs le «secret ou mystère» de l'art de faire de la porcelaine. Il est également certain que Jenkinson avait fondé une petite fabrique, avant de devenir partenaire dans l'entreprise de Longton Hall qui débuta en 1750. Il y a toutes raisons de penser que Jenkinson avait eu des relations avec l'ancienne fabrique de Limehouse, mentionnée à propos de Bristol. Watney suggère, très vraisemblablement, que Jenkinson aurait pu être un des directeurs de Limehouse, et les relations de Duesbury de Derby avec la fabrique, par la suite, bien que confuses, sont prouvées par la mention de son nom dans un bilan accompagnant un contrat de la fabrique qui porte une somme due à «Mr. Duesbury» probablement pour des décors émaillés.

En 1755, Jenkinson vendit ses intérêts dans la fabrique au doreur Nathaniel Firmin, et le Révérend Robert Charlesworth devint également associé en même temps que principal soutien financier. Firmin mourut et laissa sa part à son fils, Samuel Firmin; le 23 mai 1760, nous relevons l'annonce suivante dans *l'Aris's Birmingham Gazette:* «Tout le monde est prié de prendre note, que l'association entre Mr. William Littler & Compagnie de Longton Hall susdit, et Mr. Robert Charlesworth, est dissoute, en conséquence de leurs statuts et conventions, et qu'aucun crédit ne doit être accordé audit William Littler & Compagnie pour le compte dudit Robert Charlesworth.»

Ces lignes furent suivies d'un autre avertissement, le 30 juin, inséré par William Littler & Compagnie: «William Littler & Compagnie pense devoir informer le Public qu'il n'est pas au pouvoir de Robert Charlesworth de dissoudre l'Association y mentionnée sans le consentement des autres Associés; que ledit William Littler & Co. est loin d'espérer le moindre crédit sur le compte dudit Charlesworth, et toutes les parties sont désireuses d'exécuter tout acte nécessaire pour la dissolution de ladite Association, après établissement de comptes équitables et les dommages payés par ledit Charlesworth pour ses nombreuses infractions au contrat et sa dernière injustifiable et illégale, quoique impuissante et inefficace, tentative pour mettre un terme à ladite fabrication.»

Il est certain que les relations étaient devenues extrêmement acrimonieuses et, le 8 septembre 1760, une annonce signée par Samuel Firmin en marquait la fin: «A moins qu'il ne soit insinué ou craint que j'aie à l'heure actuelle le moindre intérêt à poursuivre lesdits travaux, je déclare par le présent acte que je considère l'Association comme dissoute au 23 mai dernier, en conséquence de l'avis que m'a envoyé Mr. Robert Charlesworth. »

Le début de l'activité de Jenkinson se situe probablement en 1749 et, à cette époque, appartiennent quelques statuettes blanches à couverte vitreuse, épaisse et luisante, qui, pour cette raison, sont souvent qualifiées de figures « bonhomme de neige ». Les modèles connus sont volontiers tirés d'autres sources, des grès au sel et des poteries vernissées du Staffordshire, des porcelaines de Chelsea et de Meissen. Après ces statuettes, viennent quelques premières porcelaines décorées en bleu sous couverte. Les années suivantes apportent un affinement progressif de la matière, de la forme et de la décoration, et quelques peintures exceptionnelles, exécutées par un artiste topographiste souvent qualifié de « Peintre des châteaux » (Pl. 174), comptent parmi les œuvres les plus remarquables de la fabrique. Il s'agit peut-être de John Hayfield, cité dans les documents comme étant le seul peintre alors employé à la fabrique.

Beaucoup d'objets affectent la forme de feuilles (Pl. 154). Ils sont mentionnés dans une annonce du *London Public Advertiser* en 1757: « Une nouvelle et curieuse Porcelaine de Chine de la Manufacture de Longton Hall, qui reçoit l'approbation des meilleurs juges et est recommandée par plusieurs personnes de la Noblesse à cette Vente Publique. Consistant en terrines, couvercles et plats, grandes tasses et couvercles, jarres, gobelets avec de magnifiques branches de fleurs, des corbeilles à fruits et des assiettes ajourées, une variété de services à dessert, des services à thé et à café, des saucières, des coupes et des assiettes en manière de feuilles, de melons, de choux-fleurs, d'élégants surtouts de table et autres porcelaines ornementales ou d'usage, tant blanches qu'émaillées ». Tandis qu'une autre annonce, dans la *Aris's Birmingham Gazette*, cite: « des assiettes-feuilles, saucières et une variété de curieux ornements utiles pour les desserts, avec des figures et des fleurs de toutes sortes faites exactement d'après nature, considérés par les meilleurs Juges comme étant les plus beaux en Angleterre, où tous les *Gentlemen* et *Ladies* qui daigneront l'honorer de leurs commandes peuvent être assurés que leur faveur sera grandement reconnue, et tous les Commerçants qui lui accordent leurs commandes peuvent être assurés de les voir fidèlement exécutées par leur plus obéissant et humble Serviteur, William Littler ».

C'est là un rafraîchissant antidote à la bruyante vulgarité de la réclame moderne, et même la prétention de voir les meilleurs juges reconnaître leur porcelaine comme la plus belle en Angleterre est, à tout le moins, une noble présomption.

Quelques-unes des pièces les plus simples étaient décorées d'excellentes peintures d'oiseaux dans une palette caractéristique, et de branches de fleurs habilement exécutées par un artiste inconnu souvent appelé le Peintre de la « Rose trembleuse ».

La fabrique fit des statuettes qui ne sont pas toujours très soignées, mais esthétiquement très agréables, et très recherchées par les collectionneurs. Certaines d'entre elles sont copiées sur des bronzes italiens ou sur de petites sculptures. Une figure d'Hercule abattant le lion de Némée en lui écartelant la mâchoire, par exemple, s'inspire d'une sculpture sur bois de Stephano Maderno, et un *putto* montant un cheval, qui appartient au British Museum, a pour modèle un bronze italien du XVIIe siècle. Le magnifique portrait du duc de Brunswick (Pl. 177) représenté sur un cheval lippizan de l'Ecole d'Equitation Espagnole de Vienne, est une évidente interprétation d'un modèle de Meissen et celui-ci n'a rien perdu dans la traduction. Le cheval est dans une attitude typique des chevaux du haras de Lippiza; des chevaux dressés originaires de cette source étaient livrés à la noblesse allemande. De telles interprétations de Meissen ne sont pas exceptionnelles, mais elles sont rarement aussi bonnes.

Il existe aussi de nombreuses figures de source indigène, spécialement des sujets de genre comme une paire de *Cuisiniers*, un *Marchand de beurre*, etc... Parmi les dernières statuettes peuvent compter une paire de *Musiciens* et un groupe de *Danseurs*, aussi bien qu'un couple représentant *la Liberté et le Mariage*, sujet très en faveur. Ce dernier groupe porte des touches d'un inhabituel pigment opaque brun-rouge tout à fait particulier. On connaît une version des *Musiciens* en grès salin ainsi qu'une paire précoce de figures, le *Turc et sa compagne*, peut-être émaillées par Duesbury.

Deux remarquables statuettes, illustrées par Watney (*Longton Hall Porcelain*, Pl. 61 a et b), méritent une mention. Représentant le *Printemps* et l'*Automne*, elles sont placées sur des bases rococo à rinceaux caractéristiques. Watney les date entre 1753 et 1757. Du centre, s'élève un fond de rinceaux rococo extrêmement proches de ceux qu'on voit dans les porcelaines de Nymphenbourg, sur certains modèles de Bustelli comme les *Seigneur et Dame turcs prenant le café*, groupe exécuté en 1760. Il est curieux de constater avec quelle rapidité cette expression particulière du style rococo avait atteint l'Angleterre provinciale.

Il faut citer le «*bleu de Littler*», riche fond bleu strié, qui apparaît également sur la porcelaine et sur de rares spécimens à vernis salin. On le trouve avec peinture superficielle d'émail blanc et avec dorure à l'huile.

L'influence du style rococo se remarque dans quelques petits vases souvent d'apparence mal équilibrée; leurs couvercles, lorsqu'ils subsistent, sont surmontés de bouquets de fleurs en haut-relief, certainement encore dérivés de la mode qui régnait à Vincennes au milieu du siècle. Dans quelques cas exceptionnels, ces vases atteignent de grandes dimensions et peuvent être couronnés d'oiseaux ou de figures parmi des fleurs.

En général, malgré ses emprunts, la porcelaine de Longton Hall est simple et franche et d'un sentiment totalement anglais. Peut-être pour cette raison, elle est grande favorite des collectionneurs qui souscrivent au culte typiquement anglais de l' «amateurisme», sorte d'inoffensif snobisme en sens inverse méprisant la grande élégance et la recherche du professionnel. Dans ses meilleures réussites, la production de la fabrique de Longton Hall possède un charme provincial d'une rare séduction.

LOWESTOFT (SUFFOLK)

CETTE FABRIQUE A FAIT L'OBJET d'une amusante erreur de William Chaffers, l'auteur des *Marks and Monograms on Pottery and Porcelain*, qui lui attribue de nombreuses porcelaines chinoises d'importation à décors d'armoiries, de sorte que ces porcelaines sont encore connues dans certains milieux sous le terme d'« *Oriental Lowestoft*». Il n'existe naturellement aucun rapport entre les deux choses.

En 1756, Hewlin Luson, propriétaire en Suffolk, découvrit de l'argile sur son domaine. Il amena des ouvriers de Londres et essaya d'ouvrir une fabrique, mais un concurrent de Londres soudoya ses hommes qui sabotèrent le travail, et Luson abandonna sa tentative. Une Compagnie se constitua, en 1757, sous la direction de Robert Browne; on dit que celui-ci se cacha dans un tonneau à la fabrique de Bow pour surprendre la composition de la pâte. Il semble, en effet, certain que des renseignements vinrent de Bow, car la porcelaine de Lowestoft est exactement la même que celle de Bow, contenant une quantité égale de cendres d'os.

La distinction est souvent difficile entre les porcelaines à décor en camaïeu bleu de Lowestoft et celles de Bow, toutefois le bleu de Lowestoft coule volontiers et se trouble. Le vernis de Lowestoft est généralement plus épais que celui en usage à Bow, il prend un ton verdâtre prononcé et est rempli de minuscules bouillons. La plupart des porcelaines bleues décorées par impression proviennent de Lowestoft, car Bow a peu pratiqué ce genre.

En 1902, des fouilles furent conduites sur les lieux ayant appartenu à une entreprise de brasseurs, Messrs. Morse, dans Crown Street à Lowestoft, et on découvrit des moules en plâtre et divers autres fragments. D'après ces moules il a été possible d'identifier quelques naïves statuettes, bien que les spécimens en soient fort rares. Une aide supplémentaire pour les attributions est fournie par un certain nombre de pièces, chopes ou autres, portant des inscriptions parmi lesquelles se remarque «Un souvenir de Lowestoft». On trouve aussi parfois des tablettes d'anniversaire. Faites dans un but commémoratif, elles portent le nom et la date de naissance de l'enfant.

Les porcelaines peintes sont souvent des copies des modèles chinois «au Mandarin», et la palette comprend un mauve-rosé ou un ton carmin caractéristiques.

Beaucoup de porcelaines de Lowestoft sont faites à l'imitation des œuvres des autres fabriques anglaises, et des spécimens avec la marque au croissant ou le «W» en anglaise de Worcester ne sont pas rares. Les épées croisées de Meissen se voient aussi sur quelques pièces.

L'œuvre de la fabrique de Lowestoft est représentée ici par les Pl. 179 et 180, deux sujets rares qui sont typiquement anglais. La Pl. 179 prouve que l'amour du jeu de cricket n'est nullement une faiblesse moderne, tandis que la Pl. 180 représente le métier de la construction maritime, tel qu'il était pratiqué sur le port de Lowestoft.

PLYMOUTH ET BRISTOL

LA PORCELAINE CHINOISE commença sans doute à arriver en Europe au XIVe siècle. L'un des objets dont le souvenir donne les plus cruels regrets est un vase de Chine monté en argent, aux armes de Louis le Grand de Hongrie (1342–1382), qui fut acheté des anciennes Collections Royales de France à la fin du XVIIIe siècle, par William Beckford, l'excentrique auteur de *Vathek*. Ce vase, connu par des dessins, figura à la vente de l'abbaye de Fonthill en 1822 et a depuis complètement disparu. D'autres exemplaires subsistent, qui peuvent être datés à la fois d'après la porcelaine elle-même et d'après les montures d'argent européennes. Les objets de ce genre étaient conservés soigneusement et ils recevaient souvent des montures d'argent.

Cette matière translucide, la porcelaine, arrivant d'un pays fabuleux, était si précieuse que le secret de sa fabrication fut ardemment recherché par les potiers d'Europe pendant des siècles. Le problème se trouva par la suite résolu de deux manières. Vers la fin du XVIe siècle, une sorte de porcelaine fut fabriquée à Florence, la «porcelaine des Médicis», qui avait pour base essentielle l'argile et le verre pulvérisé. Elle possédait la qualité désirée de translucidité, mais elle était plus tendre que la vraie porcelaine chinoise. La fabrication de cette porcelaine «tendre» se répandit plus tard en France, à Saint-Cloud, à Mennecy, à Vincennes-Sèvres et ailleurs, puis en Angleterre. Néanmoins, quelques céramistes ne perdaient pas de vue le fait que ce n'était là qu'un produit de remplacement, et la porcelaine à la manière chinoise fut faite pour la première fois en Europe par Ehrenfried Walther von Tschirnhaus, membre de la Cour de Saxe, qui composa une formule employée à la manufacture de Meissen. En Angleterre, William Cookworthy, Quaker, chimiste à Plymouth, rechercha aussi le secret de la porcelaine.

Cookworthy apparaît dans notre histoire en 1745, au moment où il étudiait avec Duché le kaolin de Virginie. Néanmoins, il ne fit pas usage de cette découverte et trouva plus tard les deux ingrédients fondamentaux de la véritable porcelaine, sur le domaine de Lord Camelford, vers 1754. La tradition rapporte que son cheval fit une glissade, arrachant de ses sabots une argile blanche; mais on raconte la même anecdote au sujet de Johann Schnorr von Carolsfeld à Meissen, il ne s'agit donc probablement que d'une légende.

La porcelaine chinoise est composée d'une argile réfractaire qui conserve sa forme à la cuisson et d'une roche feldspathique d'une grande dureté, qui se vitrifie. Il est certain que Cookworthy dut aboutir et tout au moins possible que ses premières tentatives pour trouver la partie vitrifiable de la recette chinoise l'aient conduit à la stéatite. Cette dernière matière se comporte à peu près de la même manière à la chaleur que la roche feldspathique qui sera employée par la suite, mais elle est plus tendre. Il faut donc admettre que Cookworthy a pu fournir les renseignements qui autorisèrent l'établissement de la première fabrique de Bristol, déjà étudiée.

En 1765, Cookworthy avait réussi à composer une véritable porcelaine, et, en 1768, il ouvrit à Plymouth une manufacture pour sa fabrication à l'échelle commerciale. Les plus anciens spécimens paraissent très primitifs; les taches de fumée et les craquelures sont alors des défauts fréquents.

La fabrique de Plymouth commence sa carrière au moment où la plupart des autres entraient dans les difficultés financières. Il est donc possible que Mr. Tebo, le modeleur dont il a déjà été question, soit passé à Plymouth avant de se rendre à Worcester en 1769. Cette conclusion peut se déduire assez vraisemblablement du rapprochement de nombre de modèles de Plymouth avec ceux de Bow. Très remarquables parmi eux sont certaines salières en coquille qui ressemblent à celles de Bow, souvent signées T° et exécutées une vingtaine d'années auparavant, aussi bien que les figures de lions dont quelques-unes sont identiques à celles de Bow. Un autre problème est présenté par des bustes de Georges II, peut-être faits d'après un portrait par Roubiliac à Windsor Castle. Nous en avons récemment bien examiné un exemplaire qui semblait être en véritable porcelaine similaire à celle fabriquée par Cookworthy et confirme donc la tradition suivant laquelle un de ces bustes, exécuté à la fabrique, comptait parmi les biens de famille. D'autres existent, probablement de la manufacture de Chelsea, la plupart lui sont en effet attribués par les spécialistes.

On connaît des modèles très proches de ceux de Longton Hall. Un ou deux d'entre eux montrent quelques légères variantes qui peuvent être le fait du repareur (en allemand *Bossierer*), c'est-à-dire de l'ouvrier qui réunissait les parties moulées séparément et qui, parfois, transformait de menus détails au cours du travail. C'est ainsi qu'une paire de *Cuisiniers* de Longton Hall est devenue une paire de *Musiciens* à Plymouth par le simple changement de leurs casseroles en instruments de musique, et avec de légères modifications de la base. Pour le reste ils demeurent les mêmes. Le groupe de Longton Hall, représentant deux enfants qui font manger des grappes de raisin à une chèvre (Pl. 176), se reconnaît aussi dans une version de Plymouth presque identique. Cette ressemblance ne peut pas s'expliquer comme un exemple de copies réciproques entre les fabriques, elle est trop exacte. Elle ne peut pas non plus être considérée comme le fruit d'une source commune d'inspiration, et la conclusion que Cookworthy acheta des moules des autres fabriques s'impose. Ceux de Longton Hall furent certainement vendus quand la manufacture ferma ses portes. Il est possible que quelques moules aient été achetés à Chelsea en 1768, au moment où la fabrique était en vente, ce qui expliquerait l'existence du portrait de Georges II, tandis que les modèles de Bow furent probablement apportés par quelqu'un venant de la fabrique. Qui d'autre que Mr. Tebo?

La plupart des porcelaines de Plymouth subsistantes sont des objets destinés à l'usage plutôt qu'à la décoration. Quelques excellentes peintures d'oiseaux ont été attribuées à Mr. Soqui qui passe pour être venu de Sèvres, et qui, par la suite, peut être considéré comme l'auteur des décors d'oiseaux faits à Worcester à la manière des artistes de Sèvres, Evans et Aloncle. De rares spécimens peints par James Giles à Londres ont été signalés, dont l'un portant l'ancre d'or. Des armoiries apparaissent sur certaines pièces, et elles sont sans doute copiées des porcelaines d'exportation chinoises de ce genre; les théières et les cafetières ressemblent souvent par leur forme à celles de Worcester. Les tasses et les saucières sont rares, et des traces en spirales restent parfois visibles dans le corps des tasses, tandis que les anses sont souvent légèrement en biais – particularité qui se retrouvera dans la porcelaine tardive de Bristol.

Cookworthy, à l'origine, était chimiste. Sur le Continent, il aurait été qualifié d'arcaniste (celui qui possède l'*arcanum* ou secret de la fabrication de la porcelaine). Ses dons artistiques apparaissent comme médiocres, et l'argent lui manquait certainement pour employer des artistes de valeur. Ses œuvres emprunteront donc largement aux autres fabriques en ce qui concerne la partie décorative.

En 1770, Cookworthy transféra la fabrique à Castle Green à Bristol et, deux ans plus tard, il donna licence à Richard Champion pour faire usage de sa patente. La patente fut transmise à Champion en 1774, et, peu après, Champion rédigeait une pétition à la *House of Commons* pour obtenir l'extension des droits conférés pour une période de quatorze ans, pétition qui réussit malgré l'opposition de Josiah Wedgwood. Champion pouvait tenir l'intérêt qu'il portait à la fabrication de la porcelaine de son beau-frère établi en Caroline du Sud, qui lui envoyait des provisions d'*unaker* pour poursuivre ses expériences. Champion et Cookworthy se rencontrèrent probablement en 1765, et il semble qu'à ce moment le second fit quelques expériences de porcelaine à Bristol. Champion parle d'une fabrique «établie ici voici quelque temps sur le principe de la porcelaine chinoise mais qui, n'ayant pas réussi, est abandonnée».

Champion amena immédiatement une notable transformation de style, et la nouvelle fabrique possédait une maîtrise beaucoup plus grande de la matière. Les styles sont principalement ceux de Meissen et de Sèvres, avec d'occasionnels emprunts aux porcelaines chinoises. Les assiettes causaient sûrement des difficultés, certaines ont un double talon pour éviter l'affaissement et le gauchissement. D'intéressantes plaques furent exécutées en biscuit, décorées de fleurs en relief, peut-être par Thomas Briand déjà cité à propos de la manufacture de Chelsea. Nombre de services spéciaux étaient destinés aux commandes des particuliers.

La fabrique fit aussi quelques excellentes statuettes, certaines peut-être fournies par Stephan, précédemment à Derby, et par John Bacon, R. A., dont on sait qu'il fit des travaux de ce genre pour Duesbury et pour Wedgwood. L'influence de Derby est sensible. Tebo semble n'avoir pas modelé de statuettes pour Bristol, mais sa marque apparaît sur nombre d'objets, comprenant plusieurs figures, pour lesquels il ne serait intervenu qu'en tant que repareur. Une figure de «l'Hiver», partie d'une série des quatre Saisons, portant la marque *T°* imprimée, est connue. On peut y retrouver quelques-unes des caractéristiques notables dans les premières œuvres de cet artiste, bien que l'inspiration originale ne soit certainement pas la sienne.

En 1778, Champion, éprouvant des difficultés financières, essaya de vendre la manufacture. Peu de choses en sortirent passée cette date, et le *Bristol Journal* d'avril 1782 porte l'annonce suivante: «A vendre à la Main, lundi 29 courant à l'ancienne Manufacture de Castle Green, les réserves subsistantes d'Emaux, bleu et blanc, et des Porcelaines blanches de Bristol. La manufacture étant transférée dans le Nord».

La patente fut cédée à une compagnie de potiers, qui ouvrit une petite fabrique à New Hall en Staffordshire, où furent fabriquées des vaisselles d'usage. Champion émigra en Caroline du Sud en 1784 et mourut en 1791.

Au début du XIXe siècle, New Hall revint à la porcelaine anglaise à cendres d'os de type classique (*bone china*), et aucune autre tentative n'a été faite depuis pour fabriquer de la vraie porcelaine dure, quoique cette dernière soit partout ailleurs la matière préférée.

146. ASSIETTE. PORCELAINE DE WORCESTER. VERS 1765

H. 18,5 cm. Collection Major-General Sir Harold Wernher, Bart., Luton Hoo, Bedfordshire

Cette assiette a un fond gros bleu et le bassin est encadré d'ornements d'or diaprés, qui sont l'interprétation donnée par Worcester du style rococo. La peinture est de Jeffryes Hamett O'Neale, et elle montre celui-ci dans toute sa spontanéité. Le sujet illustre la fable «l'Ours et le Miel» (voir Pl. 87 et 147).

147. PLAT. PORCELAINE DE WORCESTER. VERS 1765

D. 30 cm. Ashmolean Museum of Fine Art (Collection H. R. Marshall), Oxford

Un grand plat à bord ondulé, à fond bleu à écailles et riche dorure. La panneau central est emprunté à une illustration de la Fable LXXXI d'Esope, par Francis Barlow, et il est caractéristique des dernières œuvres de Jeffryes Hamett O'Neale. Les panneaux figurant des chevaux et du bétail sont également de la main de O'Neale, mais les oiseaux peuvent être d'un autre artiste. La touche légère et spirituelle de O'Neale se reconnaît bien sur ce plat qu'il faut comparer à l'assiette de la Pl. 146 et aux travaux très antérieurs de l'artiste, dans la même veine, à Chelsea (Pl. 87).

148. VASE. PORCELAINE DE WORCESTER. VERS 1765

H. 28,5 cm. Ashmolean Museum of Fine Art (Collection H. R. Marshall), Oxford

Vase hexagonal avec fond bleu à écailles et riche dorure, peint d'une rare «chinoiserie» d'après Pillement. Cette pièce semble être un ouvrage de l'atelier de Giles, car un service de Chelsea porte le même décor, et on sait que Giles a peint des porcelaines blanches provenant des deux fabriques. Le style présente une certaine ressemblance avec celui dit «Chippendale chinois» dans le mobilier anglais, et le vase peut très bien avoir été fait pour un ensemble décoratif de ce genre.

149. CAFETIÈRE. PORCELAINE DE WORCESTER. VERS 1765

H. 23,4 cm. Collection Major-General Sir Harold Wernher, Bart., Luton Hoo, Bedfordshire

Un exemple du fond à écailles de Worcester. L'emploi de cette couleur particulière est exceptionnel. La plupart des fonds à écailles étaient exécutés en bleu sous couverte et traités avec une certaine minutie sur les spécimens précoces, mais, par la suite, de manière beaucoup plus rapide. Cependant ce n'est pas là une sûre méthode de datation, car quelques bavures et taches étaient virtuellement inévitables avec le bleu sous couverte. Les exemplaires décorés en émaux sur couverte, comme celui-ci, sont toujours de la plus haute qualité, et quelques-uns sont attribuables à James Giles. Ils comptent parmi les plus rares spécimens de toute la porcelaine de Worcester.

150. ASSIETTE. PORCELAINE DE WORCESTER. VERS 1765

H. 22,5 cm. Victoria & Albert Museum, Londres

Cette assiette, magnifiquement décorée de gibiers, fut offerte au Musée par Mrs. Dora Grubbe, descendante de James Giles, le décorateur de Clerkenwell (voir p. 344). De ce fait, la pièce est un document, sans aucun doute possible l'œuvre de Giles; elle peut donc servir de témoin pour déterminer d'autres attributions. Le renard mort, peint sur l'aile de l'assiette, à gauche, fait penser à la main de O'Neale, et la possibilité de rapports entre les deux hommes est une hypothèse admissible.

151. CORBEILLE A DESSERT. PORCELAINE DE WORCESTER
VERS 1770

H. (Corbeille) 13,5 cm. Larg. (Plateau) 27 cm.
Ashmolean Museum of Fine Art (Collection H. R. Marshall), Oxford

Corbeille à dessert de forme quadrilobée avec deux poignées simulant des branchages, le couvercle repercé d'un treillis ajouré. Ces corbeilles inspirées de Meissen étaient, à l'époque, très appréciées. L'exemple reproduit porte d'inhabituels motifs d'émail *claret*, en forme de cornes d'abondance et presque entièrement recouverts de riches ornements dorés. Le même motif apparaît à l'intérieur de la corbeille, sur le fond.

152. VASE. PORCELAINE DE WORCESTER. VERS 1770

H. 54 cm. Collection Major-General Sir Harold Wernher, Bart., Luton Hoo, Bedfordshire

Ce vase balustre a un fond gros bleu dérivé des modèles de Vincennes, et son large panneau central a été peint par le miniaturiste écossais John Donaldson. Il porte les initiales de ce dernier, JD. Sur le revers, se trouve un panneau de fleurs magnifiquement peintes, tandis que les tableaux sur le couvercle sont de O'Neale, l'obélisque portant une inscription en langage secret particulier à ce peintre. Donaldson, dont les ouvrages sont hautement prisés, vint d'Ecosse à Londres en 1759; il était (avec O'Neale) membre de la *Incorporated Society of Artists.*

153. CHASSEUR ET SA COMPAGNE. PORCELAINE DE WORCESTER VERS 1770

H. 18,5 cm. Ashmolean Museum of Fine Art (Collection H. R. Marshall), Oxford

L'homme tient un fusil de chasse à pierre, la femme une poire à poudre et un oiseau mort. Worcester ne fit que peu de statuettes et presque tous les modèles connus sont dus à Mr. Tebo. On a cru longtemps qu'aucune statuette n'était sortie de Worcester, mais une référence contemporaine existe dans le journal de Mrs. Philip Lybbe Powys qui dit en avoir vu faire au cours d'une visite de la fabrique Les premiers spécimens ont été définitivement identifiés par William King en 1923. L'attribution a, depuis, été confirmée par les analyses chimiques. Les spécimens sont extrêmement rares.

154. TERRINE. PORCELAINE DE LONGTON HALL. VERS 1756

H. 15,5 cm. Victoria & Albert Museum (Collection Schreiber), Londres

Cette terrine, simulant un melon, est posée sur un plateau en forme de feuille. La pièce est typique des œuvres de cette fabrique, où les formes de feuilles de toutes sortes jouissaient d'une faveur spéciale. On faisait à Chelsea des terrines de tailles diverses, en forme de laitue, de chou, de chou-fleur etc.; une terrine de Worcester, en manière de chou-fleur, est reproduite Pl. 165.

155. FIGURE D'UN ACTEUR. PORCELAINE DE LONGTON HALL VERS 1758

H. 19,5 cm. Victoria & Albert Museum (Collection Schreiber), Londres

Cette statuette passe pour représenter l'acteur David Garrick, et qu'elle soit en rapport avec le théâtre ne fait aucun doute. Outre le masque de théâtre sur la face du piédestal le livre porte l'inscription:

« *The cloud cap...*
The gorgeous... »

Le reste est illisible mais il est facile de rétablir les mots qui manquent:

Les tours coiffées de nuages, les magnifiques palais,
Les temples solennels, le grand globe lui-même,

fragment du monologue de Prospero, extrait du quatrième acte de la *Tempête* de Shakespeare. David Garrick (1717–1799) est, d'une manière générale, considéré comme le plus grand acteur du XVIIIe siècle. Il figurait souvent dans les représentations de Shakespeare.

156. PHÉNIX DANS LES FLAMMES. PORCELAINE DE PLYMOUTH VERS 1770

H. 20 cm. Collection Major-General Sir Harold Wernher, Bart., Luton Hoo, Bedfordshire

Ces oiseaux ressemblent à certains modèles de Bow, dont ils présentent les caractéristiques. Les bases, par exemple, ne sont pas sans analogie avec celles employées à Bow, tandis que les oiseaux sont très proches de celui que chevauche Zeus (Pl. 132). Le même genre d'oiseau forme le pinacle d'un vase de Worcester (Pl. 170). Ils sont presque certainement tous de la main du modeleur de Bow, Mr. Tebo.

157. VASE. PORCELAINE DE LUND, BRISTOL. VERS 1750

H. 27 cm. Syndics du Fitzwilliam Museum, Cambridge

Ce vase hexagonal provient de la fabrique filiale de l'entreprise de Worcester. Le sujet chinois est délicatement dessiné, et peint d'une palette qui comporte un émail rose dérivé de celui des porcelaines *famille rose* des empereurs Yong-Tchen et Kien-Long. Les dimensions du vase, aussi bien que la qualité de son décor, prouvent que la fabrication était florissante avant le transfert de la manufacture à Worcester.

158. SAUCIÈRE. PORCELAINE DE BRISTOL-WORCESTER
VERS 1752

H. 18,5 cm. Victoria & Albert Museum (Don E. F. Broderip), Londres

Cette saucière compte soit parmi les derniers objets faits à la fabrique de Lund à Bristol, soit parmi les premiers sortis de Worcester. Elle est d'un type d'argenterie affirmé, et les guirlandes fleuries en relief sont peintes à l'aide d'émaux de couleurs. La poignée serpentine est caractéristique de certaines poignées d'argenterie contemporaine. Sous la base, le mot «Bristoll» a été moulé puis couvert de feuilles peintes en vert, probablement pour le dissimuler. Donc, si la pièce a été faite à Worcester, le moule utilisé fut apporté de Bristol au moment du transfert (voir p. 342).

159. CHOPE. PORCELAINE DE WORCESTER. VERS 1752

H. 15 cm. Ashmolean Museum of Fine Art (Collection H. R. Marshall), Oxford

Cette chope a la base légèrement évasée et une poignée plate cannelée. Le décor est en bleu sous couverte, repris de quelques traits de rouge de fer rappelant la combinaison chinoise de bleu sous couverte et de rouge de cuivre, en usage depuis le début des Ming. Le sujet, un pêcheur dans un paysage fluvial avec des saules, des bambous et des pins, dérive de ceux de la porcelaine chinoise. La pièce est caractéristique des premières porcelaines de Worcester, alors que le décor était entièrement emprunté aux sources chinoises.

160. PLAT. PORCELAINE DE WORCESTER. VERS 1765

D. 24,5 cm. Ashmolean Museum of Fine Art (Collection H. R. Marshall), Oxford

Ce plat hexagonal est la copie exacte d'un prototype chinois du début du XVIIIe siècle. Il a une bordure d'émaux *famille verte* à fond ponctué. Le phénix (*fông-hoang*), au centre, a le dos vert et des ailes bleues. L'arbre est de couleur aubergine, la table jaune. La bordure extérieure à godrons est rouge-orangé et or. Worcester a beaucoup plus fortement subi l'influence chinoise dans ses œuvres que les autres fabriques anglaises de porcelaine.

161. PLAT. PORCELAINE DE WORCESTER. VERS 1765

Larg. max. 47,5 cm. Victoria & Albert Museum (Collection Schreiber), Londres

Ce plat ovale a une bordure de fleurs et de coquilles en relief, outre un oiseau, un lézard, un poisson, parmi des rinceaux rococo. Les ornements moulés sont relevés de couleur puce, jaune, verte, et le centre est décoré de trois sujets par impression en noir. Le motif de gauche, apparemment emprunté à une gravure topographique italienne, montre la colonne Trajane à l'arrière plan. Les trois gravures proviennent de planches séparées, qui semblent sans rapports entre elles. Lady Charlotte Schreiber acheta ce plat à Londres en 1884 et, à ce moment, sans doute induite en erreur par la bordure inhabituelle, elle le croyait de Bow.

162. PLAT EN FORME DE FEUILLES. PORCELAINE DE WORCESTER VERS 1765

L. 35,5 cm. Ashmolean Museum of Fine Art (Collection H. R. Marshall), Oxford

Le plat simule deux feuilles posées l'une sur l'autre, avec les veines indiquées en relief, les deux nervures médianes étant légèrement touchées de couleur puce. Les fleurs en semis sont couleur puce, tandis que le paysage est peint en rouge-orangé, vert de cuivre et jaune, avec des collines mauves.

163. VASE. PORCELAINE DE WORCESTER. VERS 1765

H. 15 cm. Ashmolean Museum of Fine Art (Collection H. R. Marshall), Oxford

Vase en forme de gobelet, dont le décor représente une dame réservée et un galant entreprenant peints d'une manière spirituelle en jaune, pourpre, vert et rouge-orangé par Jeffryes Hamett O'Neale. C'est là un sujet peu habituel à O'Neale et qui fut sans doute exécuté avec une intention particulière.

164. POCHETTE MURALE. PORCELAINE DE WORCESTER
VERS 1765

H. 25,5 cm. Ashmolean Museum of Fine Art (Collection H. R. Marshall), Oxford

Cette pochette murale, moulée en corne d'abondance, est percée d'orifices de suspension. Les fleurs en relief de la partie supérieur sont de couleur puce, jaune, verte et bleue. Les fleurs placées plus bas s'inspirent des *indianische Blumen* (fleurs indiennes) de Meissen. L'œuvre de métal, qui est à l'origine de ce spécimen, se reconnaît tout particulièrement dans le motif formant la pointe de la corne.

165. TERRINE ET SON PLATEAU. PORCELAINE DE WORCESTER VERS 1765

H. 12,5 cm. Ashmolean Museum of Fine Art (Collection H. R. Marshall), Oxford

Les terrines de cette forme, relativement fréquentes à Chelsea et à Longton Hall, sont très rares provenant de Worcester. Le plateau en forme de feuille est bordé de vert avec les veines indiquées en ton puce. Le chou-fleur est vert se dégradant en jaune à la base. Terrine et plateau sont ornés de papillons par impression, enrichissement que généralement on ne trouve pas dans les porcelaines sorties de l'une ou de l'autre des deux fabriques mentionnées.

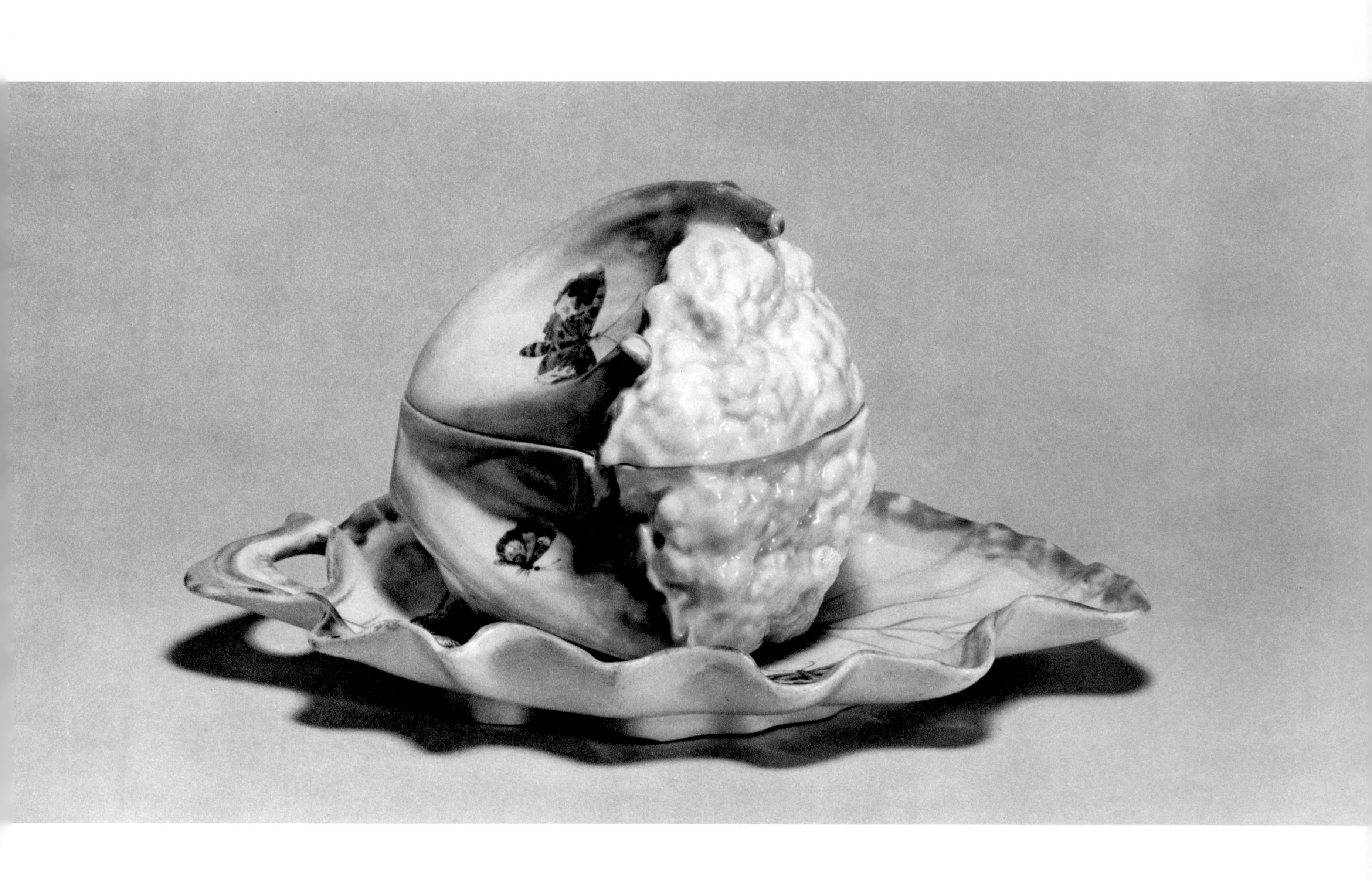

166. JARDINIER ET SA COMPAGNE. PORCELAINE DE WORCESTER VERS 1770

H. 16,5 cm. Collection Irwin Untermyer, Esq., New-York

Le jardinier porte un chapeau noir, un manteau jaune pâle à garnitures roses, un tablier bleu et une culotte rayée puce, jaune, rouge et vert. Sa compagne porte un chapeau jaune à ruban rouge, une robe peinte en rose avec des manchettes bleues, un tablier blanc fleuri et, autour du cou, un ruban puce. Les statuettes n'ont aucune marque.

Ces figures, très rares, furent les premières pièces identifiées comme provenant de Worcester par William King du British Museum. Elles présentent une sensible analogie de style avec celles reproduites Pl. 153, et aussi avec certaines figures de Bow, datant de 1760. Il est à peu près certain qu'elles furent créées par Mr. Tebo, qu'on trouve partout, et il en existe des exemplaires portant la marque imprimée qui lui est attribuée.

On ne saurait non plus mettre en doute leur origine de Worcester. L'analyse chimique de figures comparables a donné un résultat ne présentant pas de différences notables avec les porcelaines de services de Worcester, quant au pourcentage d'oxyde de magnésium (un des principaux constituants de la stéatite). La question se complique dans quelques exemples connus de figures de Bow, qui portent la marque au croissant de Worcester. Ces dernières se révèlent, à l'analyse, impossibles à distinguer d'autres figures de Bow et ne laissent aucune hésitation sur leur origine de Bow. Les statuettes de Worcester ne portent jamais aucune des marques de fabrique identifiées.

167. VASE DE FORME HEXAGONALE. PORCELAINE DE WORCESTER VERS 1770

H. 42, 5 cm. Collection Irwin Untermyer, Esq., New-York

Ce vase a un fond à écailles bleues, chargé d'un réseau d'or et de rinceaux d'or. Les panneaux sont peints par le miniaturiste irlandais Jeffryes Hamet O'Neale, dont l'œuvre figure également aux Pl. 146 et 163. Les scènes sont tirées de la *Commedia dell'Arte*, la Comédie Italienne, qui jouissait d'une immense popularité sur le Continent et fournissait de fréquents sujets pour la décoration des porcelaines et pour les statuettes.

La Comédie elle-même est très ancienne, se rattachant directement aux amusements théâtraux populaires du temps des Grecs et des Romains. Elle se répandit au cours du XVIe siècle et fut peut-être revivifiée par Francesco Cherea, premier acteur du pape Léon X. Elle n'existait que sous forme de *scenario*, le dialogue et la mise en scène étant improvisés par les acteurs.

La Comédie Italienne était, comme son nom le suggère, une production gaie, traitant des intrigues amoureuses et des fourberies amusantes. O'Neale se montra supérieur dans l'art de camper avec esprit les figures humaines comme les animaux, et nous reconnaissons ici la veine humoristique dans laquelle il excellait.

Ce vase fait partie d'un ensemble de trois; il a figuré parmi les «Chefs-d'œuvre de la Porcelaine Européenne» au Metropolitan Museum de New-York en 1949.

168. BOL A SUCRE. PORCELAINE DE WORCESTER. VERS 1765

H. 13,5 cm. Collection W. R. B. Young, Esq., St. Leonards-on-Sea, Sussex

Cet exemplaire, d'une forme courante à Worcester, a un fond gros bleu à l'éponge au lieu du fond à écailles plus habituel. La même forme existe également avec un décor par impression ou d'autres genres de décor. Les oiseaux exotiques caractérisent un grand nombre de spécimens; il y a un léger retrait de la couverte à l'intérieur du talon, comme presque toujours à cette époque. La dorure est de belle qualité, mais plus mince que celle des pièces de Chelsea à la periode de l'ancre d'or et, en général, à Worcester, elle prend un léger ton bruni. La peinture d'oiseaux a probablement été faite dans l'atelier de James Giles; on voit parfois des pièces «en blanc», c'est-à-dire avec le fond gros bleu ou le fond à écailles bleues, mais sans peinture ni dorure dans les réserves. Ces dernières pièces sont dans l'état où la fabrique les fournissait à Giles pour être décorées.

169. CORBEILLE A DESSERT. PORCELAINE DE WORCESTER VERS 1769

H. 16 cm. Ashmolean Museum of Fine Art (Collection H. R. Marshall), Oxford

Les corbeilles ajourées étaient une spécialité de Worcester, bien qu'on en fît ailleurs, notamment à Derby. Néanmoins, les ensembles de petites corbeilles de ce genre, avec des fleurs appliquées, sont particuliers à Worcester; ils sont cités dans un catalogue de vente de 1769 comme «un support avec des corbeilles ajourées». Les fleurs sont de couleurs conventionnelles, et la base forme un triangle. Des rosettes de petites fleurs en relief sont placées aux intersections. Les corbeilles de ce genre sont inspirées de Meissen.

170. POT-POURRI. PORCELAINE DE WORCESTER. VERS 1770

H. 28,5 cm. Ashmolean Museum of Fine Art (Collection H. R. Marshall), Oxford

Vase hexagonal dérivé de loin de Meissen. La forme générale de ce vase, avec sa «collerette» de feuilles appliquées près de la base et ses poignées en forme de masques, était très répandue; on connaît des vases de ce genre à section circulaire, provenant de Bow et de Derby, et à section hexagonale, de Worcester et de Bristol. Les spécimens de Bow, de Worcester et de Bristol sont dus à Mr. Tebo dont la marque apparaît sur des pièces de ces deux dernières fabriques. Le couvercle du présent exemplaire est surmonté d'un aigle, trait rare, et il faut en comparer le modelé à celui des oiseaux des Pl. 132 et 156, attribuées à Tebo. Un bouton beaucoup plus habituel à ces vases est une simple fleur quoiqu'un oiseau d'une autre main apparaisse, en guise de bouton, sur quelques vases de Derby. Les rinceaux rococo en relief sont relativement rares à Worcester et indiquent la main d'un modeleur qui ne travaillait pas dans la tradition générale de la fabrique. Une variante fréquente s'orne de guirlandes de fleurs en relief à la place des rinceaux. L'exemplaire reproduit ici porte la marque imprimée *To* et ses couleurs prédominantes sont le ton puce et le vert, avec un peu de jaune et de rouge de fer.

171. PRÉSENTOIR. PORCELAINE DE WORCESTER. VERS 1775

H. 30 cm. Ashmolean Museum of Fine Art (Collection H. R. Marshall), Oxford

Ce présentoir à dessert sur pied bas est peint d'oiseaux exotiques par un artiste présumé être Mr. Soqui, dont il est question dans le commentaire de la Pl. 183 avec laquelle il faut comparer celle-ci. Une grande partie des dernières peintures d'oiseaux de Worcester sont de cet artiste. Le sol est à traînées vertes et brunes; les oiseaux sont peints en mauve, rouge-orangé, vert-jaunâtre et à l'aide d'un émail bleu «sec», caractéristique de la palette de Worcester.

172. POT A MASQUE. PORCELAINE DE LIVERPOOL. VERS 1760

H. 24,5 cm. Victoria & Albert Museum (Collection Schreiber), Londres

Cet amusant pot est peint en émaux polychromes, d'une scène de chasse. Les chiens sont lancés à fond sur un lièvre. La partie supérieure du pot porte une large bande de bleu sous couverte, ornée de dorure d'une manière, sans aucun doute, inspirée par Sèvres. Ce pot était autrefois attribué à Worcester; il ressemble en effet à certains pots de cette fabrique, légèrement moulés en forme de feuilles se chevauchant et portant un masque analogue sous le bec. Le spécimen reproduit ici est certainement copié sur ces originaux, mais sans les reliefs. La poignée est dérivée d'œuvres d'argenterie. La porcelaine, comme celle de Worcester, contient un fort pourcentage de stéatite.

173. L'HIVER. PORCELAINE DE LONGTON HALL. VERS 1751

H. 13 cm. Syndics du Fitzwilliam Museum, Cambridge

Cette figure, qui représente un enfant se chauffant les mains devant un poêle, est sans doute l'Hiver dans un ensemble des Saisons. L'illustration montre bien la couverte vitreuse, épaisse, qui caractérise tout le groupe (voir p. 348) et qui lui a valu le surnom de «Bonhomme de neige» (*snowman*). Les fleurs sur la base sont également typiques.

174. THÉIÈRE. PORCELAINE DE LONGTON HALL. VERS 1755

H. 12 cm. Victoria & Albert Museum (Collection Schreiber), Londres

Cette théière est décorée d'un paysage français ou italien par le «Peintre des châteaux», peut-être John Hayfield (p. 348). La plupart des ouvrages de ce genre existants semblent avoir été tirés des gravures de la Topographie Continentale, qui étaient assez répandues en Angleterre à l'époque. La poignée simule un cep de vigne avec grappes et feuilles, et des grappes forment le bouton. Le bec porte un ruché de feuilles de chaque côté, motif typique de Longton Hall. La palette est dans l'harmonie douce, propre à la fabrique.

175. THÉIÈRE. PORCELAINE DE LONGTON HALL. VERS 1755

H. 12 cm. Trustees du Cecil Higgins Museum, Bedford

Cette théière est formée par des feuilles de chou se chevauchant, peintes en vert et en jaune avec nervures de couleur puce. Les tiges dessinent la poignée. Cette disposition caractérise de nombreuses porcelaines de Longton Hall et elle est mentionée dans les annonces contemporaines. Un exemple de ce genre est reproduit en couleurs (Pl. 154).

176. PUTTI AVEC UNE CHÈVRE. PORCELAINE DE LONGTON HALL VERS 1758

H. 14 cm. Trustees du Cecil Higgins Museum, Bedford

L'un des *putti* a une draperie jaune, l'autre une draperie de couleur puce. Les grappes sont peintes au naturel, mauve foncé avec des feuilles vertes. La chèvre est tachetée de mauve et les rinceaux de la base ont été soulignés de la même couleur et rehaussés de vert. Ce groupe aurait été inspiré par un bronze non identifié. On en connaît une version presque identique, de Plymouth, d'une dizaine d'années postérieure, qui semble sortir des mêmes moules.

177. LE DUC DE BRUNSWICK. PORCELAINE DE LONGTON HALL VERS 1758

H. 22 cm. British Museum, Londres

Ferdinand, duc de Brunswick (1721–1792), entra au service de la Prusse et commanda un régiment pendant la première et la seconde guerre de Silésie. Au commencement de la guerre de Sept Ans, il commandait une division et contribua à la victoire de Prague en 1757. Il reçut de George II le commandement suprême des Forces Alliées, et, pendant les cinq années qui suivirent, il tint en échec avec succès des forces beaucoup plus nombreuses, grâce à une stratégie magistrale. Le Ier août 1759, il remporta une brillante victoire sur le maréchal Contades à Minden (voir Pl. 121). En 1766, il fut disgracié par Frédéric le Grand qui devait beaucoup à son génie, et il occupa les années qui lui restaient à vivre en se faisant le protecteur des arts et des lettres. Le magnifique portrait reproduit ici semble inspiré par un modèle de Meissen; le duc est représenté montant un étalon de l'Ecole d'Equitation Espagnole de Vienne, qui fournissait des chevaux dressés à nombre de princes régnants de l'Europe Centrale. La pose est caractéristique de ces animaux. Le duc porte un vêtement de couleur puce et une écharpe bleu clair avec une étoile d'or.

178. PÈLERIN. PORCELAINE DE LONGTON HALL. VERS 1758

H. 25 cm. Trustees du Cecil Higgins Museum, Bedford

Cette figure rare porte à l'épaule les coquilles dentelées de Saint Jacques. Le modèle est du même artiste que plusieurs des dernières statuettes de Longton Hall; le pèlerin est vêtu d'un riche manteau jaune doublé de couleur puce, qui a des manches vertes. La culotte est peinte d'un émail mauve caractéristique de la fabrique à cette époque. La base est lavée de vert. Cette pièce était un flambeau mais la bobèche a disparu.

179. POT. PORCELAINE DE LOWESTOFT. VERS 1765

H. 17,5 cm. Victoria & Albert Museum (Legs Legh Tolson), Londres

Ce pot rare méritait d'être introduit, ne serait-ce que parce qu'il illustre une forme ancienne du jeu de cricket qui a depuis, pour ainsi dire, acquis rang de rite religieux mineur dans la vie anglaise. Le jeu est considéré comme d'origine saxonne, mais la première mention certaine remonterait à 1672, date à laquelle un écrivain fait allusion à «la danse mauresque, la lutte au bâton, le cricket et autres sports». Au moment où ce pot fut exécuté, le cricket était un objet populaire de paris, des sommes importantes se trouvaient parfois engagées sur le résultat. Les premières règles écrites furent composées en 1774. Sur le pot reproduit ici, les battes et les buts diffèrent dans une certaine mesure de ceux en usage de nos jours. La décoration est de couleur pâle, avec le sol indiqué par des traînées de brun-vert. Sur l'autre face, sont représentés le lanceur et le reste des joueurs; l'encadrement à croisillons est peint en rouge de fer. Le pot porte l'inscription «*The game of cricket Lowestoft*» (le jeu de cricket), et la composition est empruntée à une gravure de H. Roberts d'après L. P. Boitard.

180. GOURDE. PORCELAINE DE LOWESTOFT. VERS 1765

H. 14,5 cm. Collection Geoffrey Godden, Esq., Worthing, Sussex

Lowestoft est un port de pêche sur la côte du Suffolk et, au XVIIIe siècle, la construction des bateaux y était une industrie locale. Cette rare et intéressante gourde montre un de ces petits bateaux en cours de construction. La porcelaine ressemble beaucoup à celle de Bow, et sa décoration est exécutée en bleu sous couverte.

181. JARDINIER ET JARDINIÈRE. PORCELAINE DE PLYMOUTH VERS 1770

H. moyenne 23 cm. Trustees du Cecil Higgins Museum, Bedford

Ces figures sont de style typiquement anglais, et le modèle de la femme, en particulier, rappelle certaines statuettes contemporaines de poterie du Staffordshire. L'homme porte une veste peinte d'un léger rouge-brunâtre et les rinceaux sur la base sont rehaussés de la même couleur, ce qui est assez caractéristique de la palette de Plymouth. Le style est sans recherche; les bases rococo passaient déjà un peu de mode au moment où furent exécutées ces figures. Les bases ressemblent beaucoup à certaines bases tardives de Bow, faites peut-être quelques cinq années auparavant. La main n'est pas celle de Tebo, quoique la figure masculine ressemble à un jardinier modelé par Tebo à Worcester et que la base se ressente de l'influence de ce dernier artiste. Les mêmes modèles, avec de légères variantes, existent au Victoria & Albert Museum.

R C

182. CHOPE. PORCELAINE DE CHAMPION, BRISTOL. VERS 1775

H. 16,5 cm. Collection Major-General Sir Harold Wernher, Bart., Luton Hoo, Bedfordshire

Une chope en forme de cloche, décorée d'une bordure à écailles roses et de bouquets de fleurs. Elle porte le portrait de Richard Champion, en silhouette noire sur un fond jaune, dans une guirlande de lauriers. Les initiales RC sont dorées.

183. VASE. PORCELAINE DE CHAMPION, BRISTOL. VERS 1775

H. 39 cm. Victoria & Albert Museum (Collection Schreiber), Londres

Ce vase, de forme hexagonale, est magnifiquement décoré d'oiseaux exotiques dans le style de Sèvres, par une main qui ressemble très exactement à celle qu'on croit être de Mr. Soqui. Cet artiste, cité aussi sous le nom de Saqui et de Lequoi, a peint des oiseaux à la manière des artistes de Sèvres, Etienne Evans et François Aloncle, à Plymouth, à Bristol et à Worcester. Il est mentionné par Prideaux (*Relics of Wm. Cookworthy*) comme un «excellent peintre et émailleur de Sèvres». Le vase reproduit ici fut acheté par Lady Charlotte Schreiber, en 1879, pour £ 75, un prix élevé à l'époque (voir Pl. 171).

184. BERGER. PORCELAINE DE CHAMPION, BRISTOL. VERS 1775

H. 28 cm. Syndics du Fitzwilliam Museum, Cambridge

Cette remarquable figure, coiffée d'un chapeau noir, est vêtue d'un gilet fleuri, d'une culotte jaune, d'une ceinture et de guêtres brunes. Le personnage s'appuie sur une barrière de bois. Il est caractéristique des meilleures œuvres de la fabrique. Les rinceaux rococo ont disparu de la base sous l'influence du style néo-classique. La figure est fortement influencée par les premières statuettes de Meissen. On connaît un pendant portant la marque *T°* imprimée mais ni l'une ni l'autre de ces deux figures ne ressemble aux ouvrages de Mr. Tebo qui doit donc être intervenu seulement en tant que repareur.

BIBLIOGRAPHIE SOMMAIRE

POTERIE

Burlington Fine Arts Club. Illustrated Catalogue of Early English Earthenware. London 1914.

Garner, F. H.: English Delftware. London 1948.

Honey, W. B.: Wedgwood Ware. London 1948.

Rackham, Bernard: Early Staffordshire Pottery. London 1948.

Rackham, Bernard: Medieval English Pottery. London 1945.

Rackham, Bernard and Read, H.: English Pottery. London 1924.

PORCELAINE

Barrett, F. A.: Worcester Porcelain. London 1953.

Eccles, Herbert and Rackham, Bernard: Analysed Specimens of English Porcelain. London 1922.

English Ceramic Circle. The commemorative catalogue of an Exhibition of English pottery and porcelain at the Victoria and Albert Museum. London 1952.

Honey, W. B.: Old English Porcelain. London 1948.

King, William: English Porcelain figures of the 18th century. London 1925.

King, William: Chelsea Porcelain. London 1922.

Savage, George: 18th century English Porcelain. London 1952.

Watney, Dr. Bernard: Longton Hall Porcelain. London 1957.

PORCELAINE ANGLAISE

MARQUES DE FABRIQUES

△	CHELSEA 1745–49. Incisé. Connu en bleu sous couverte
△ Chelsea 1745	CHELSEA 1745. Incisé
	CHELSEA 1749. En bleu sous couverte
	CHELSEA 1750–70. En relief sur un médaillon, rouge, bleu, lilas, brun et or
	CHELSEA-DERBY 1770–84. En rouge et or
	CHELSEA-DERBY 1770–84. Or
D 1750	DERBY 1750. Incisé
W.D-Co	DERBY vers 1760. Incisé
	DERBY 1780–84. En bleu ou pourpre
	DERBY 1784–1810. En rouge, bleu et or. Incisé sur la base de statuettes en biscuit
	DERBY 1795–96. Duesbury & Kean
	DERBY. Copie de la marque de Meissen
	BOW 1749–53. Incisé
	BOW 1749–53. Incisé
	BOW 1749–53. Incisé
	BOW 1758–75. En rouge. Peut-être une marque de Giles
	BOW 1755–60. En bleu sous couverte
A	BOW 1758–75. Sur des statuettes. Généralement en bleu
C	BOW 1758–75. En bleu sous couverte. Principalement sur des statuettes
	LONGTON HALL 1750–58. En bleu et incisé sous couverte
	LOWDIN'S (Lund's) Bristol vers 1750. Marque d'ouvrier

Bristoll 1750	LOWDIN'S (Fabrique de Lund) Bristol 1750
	WORCESTER 1751–60. Marque d'ouvrier. En rouge
	WORCESTER 1755–60. Marque pseudo-chinoise
大明	Caractères chinois signifiant «Grand Ming», à comparer
	WORCESTER 1755–95. En rouge, bleu, or et noir
	WORCESTER. A partir de 1757. Sur les porcelaines décorées par impression en bleu
	WORCESTER 1755–83. En bleu sous couverte
W	WORCESTER 1755–83. En bleu sous couverte
	WORCESTER. Fausse marque de Meissen. Employée à partir de 1757
Flight	WORCESTER 1783–92. En bleu
FLIGHTS	WORCESTER 1783–92. Imprimé
Flight	WORCESTER 1789–92. En rouge et bleu
B.F.B.	WORCESTER 1807–13. Imprimé
Chamberlains Worcs	WORCESTER 1800–20. Fabrique de Chamberlain
C	CAUGHLEY. En bleu sous couverte
C	CAUGHLEY. En bleu sous couverte
S	CAUGHLEY. En bleu sous couverte
SALOPIAN	CAUGHLEY. Imprimé
2	PLYMOUTH 1768–72. En bleu, rouge et or
X	BRISTOL (Fabrique de Champion). En émail bleu
x	BRISTOL (Fabrique de Champion). Fausse marque de Meissen en bleu sous couverte et en émail bleu
B6	BRISTOL (Fabrique de Champion). En émail bleu

Z B — ZACHARIAH BOREMAN. Sur un pot de Derby, vers 1780

JOHN DONALDSON. Sur un vase de Worcester, vers 1765–70

* — ISAAC FARNSWORTH, repareur. Sur des statuettes et des groupes en biscuit de Derby

△ — JOSEPH HILL, repareur. Sur des statuettes et des groupes en biscuit de Derby

oneall — JEFFREY O'NEALE. Sous une forme déguisée, faisant partie d'une inscription. Chelsea vers 1754

T° — TEBO 1749–80(?). Marque d'un repareur nomade qui travailla dans de nombreuses fabriques. Imprimé dans la pâte

WEDGWOOD

WEDGWOOD
WEDGWOOD

Marque sur la *Queen's ware* de 1769 à nos jours et sur des pièces d'ornement en jaspe, basalte noir et terre cuite, de 1780 à nos jours. Depuis une époque récente, les mots «Etruria and Barlaston» et le nom du modèle sont souvent ajoutés.

WEDGWOOD & BENTLEY: ETRURIA

Marque trouvée à l'intérieur de la plinthe de vases anciens, en basalte, et quelquefois sur le piédestal d'un buste ou d'une statue de grande taille.

WEDGWOOD & BENTLEY: ETRURIA

Marque placée autour de la vis de vases de basalte ou de granit, et de vases étrusques.

WEDGWOOD
BONE CHINA
MADE IN
ENGLAND

Marque sur des pièces de qualité en *bone china*, depuis 1878, imprimée en sépia et autres couleurs.

OF ETRURIA
WEDGWOOD
MADE IN
ENGLAND
& BARLASTON

Marque sur la *Queen's ware* en usage depuis 1940, avec fréquente adjonction du nom du modèle.

TABLE DES MATIÈRES

Tous les objets reproduits ont été photographiés par Hans Hinz, Bâle, à l'exception des planches 166 et 167, qui ont été exécutées par Mrs. Anna Wachsmann, New York.

Cet ouvrage a été achevé d'imprimer le 15 août 1961, par les Etablissements Benziger & Cie S.A., Einsiedeln (Suisse) pour le texte, et relié dans leurs ateliers. – Les illustrations en quatre couleurs offset proviennent des Imprimeries Réunies S.A., Lausanne. – Les reproductions en héliogravure ont été exécutées par Héliographia S.A., Lausanne. – Ce volume a été réalisé sous la direction du Dr Hermann Loeb, Bâle.

Imprimé en Suisse